OS 6 TIPOS DE TALENTO PROFISSIONAL

Destaques do nosso catálogo

www.sextante.com.br

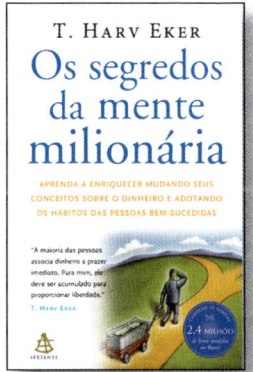

2,4 milhões de livros vendidos no Brasil

16 milhões de livros vendidos no mundo

400 mil livros vendidos no Brasil

400 mil livros vendidos no Brasil

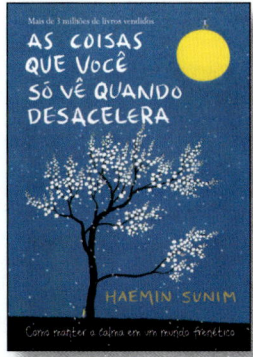

350 mil livros vendidos no Brasil

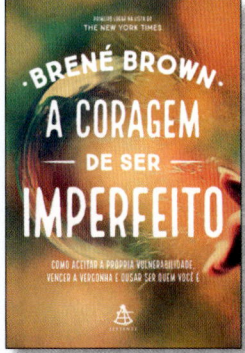

600 mil livros vendidos no Brasil

60 mil livros vendidos no Brasil

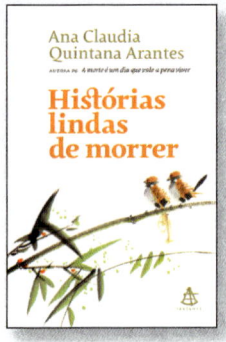

70 mil livros vendidos no Brasil

40 mil livros vendidos no Brasil

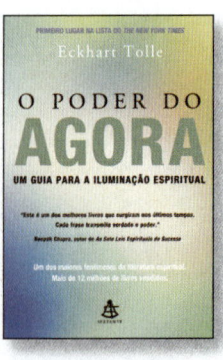

1,2 milhão de livros vendidos no Brasil

30 mil livros vendidos no Brasil

350 mil livros vendidos no Brasil

3 milhões de livros vendidos no Brasil

260 mil livros vendidos no Brasil

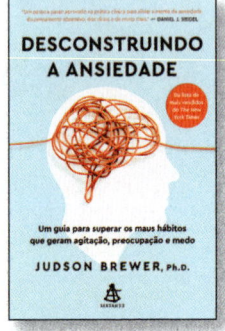

14 mil livros vendidos no Brasil

1,7 milhão de livros vendidos no Brasil

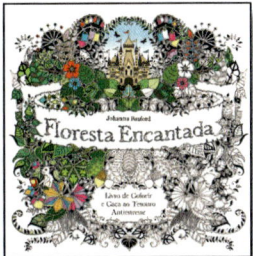
1,2 milhão de livros vendidos no Brasil

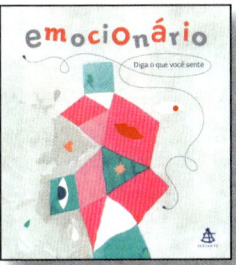
100 mil livros vendidos no Brasil

90 mil livros vendidos no Brasil

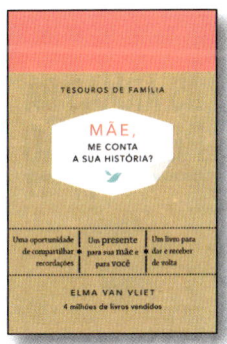
500 mil livros vendidos no mundo

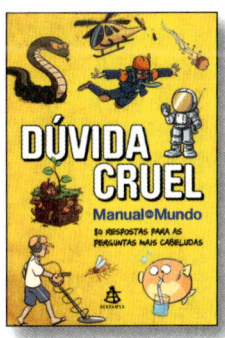
50 mil livros vendidos no Brasil

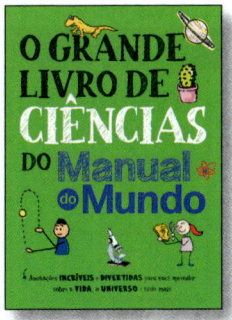

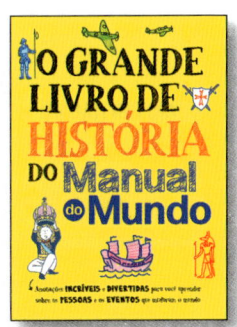

Coleção com mais de 8 milhões de livros vendidos no mundo

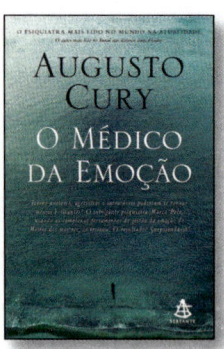 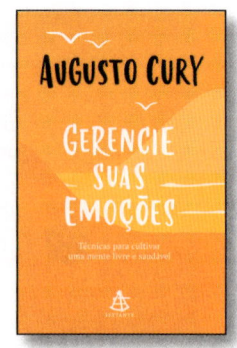 

Os livros de Augusto Cury venderam mais de 20 milhões de exemplares

 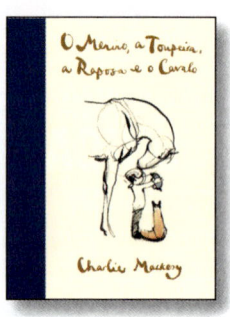 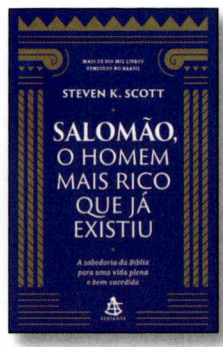

570 mil livros vendidos no Brasil

2 milhões de livros vendidos no mundo

350 mil livros vendidos no Brasil

1,2 milhão de livros vendidos no mundo

1,2 milhão de livros vendidos no mundo

200 mil livros vendidos no Brasil

PATRICK LENCIONI

OS 6 TIPOS DE TALENTO PROFISSIONAL

UMA MANEIRA INOVADORA DE ENTENDER SUAS APTIDÕES, SUAS FRUSTRAÇÕES E SUA EQUIPE

SEXTANTE

Título original: *The 6 Types of Working Genius*
Copyright © 2022 por Patrick Lencioni
Copyright da tradução © 2023 por GMT Editores Ltda.

Publicado mediante acordo com BenBella Books, Inc.,
Folio Literary Management, LLC e Libris Agency.

Todos os direitos reservados. Nenhuma parte deste livro pode ser utilizada ou reproduzida sob quaisquer meios existentes sem autorização por escrito dos editores.

tradução: André Fontenelle
preparo de originais: Daila Fanny
revisão: Luis Américo Costa e Luíza Côrtes
diagramação: Valéria Teixeira
capa: DuatDesign
impressão e acabamento: Bartira Gráfica

CIP-BRASIL. CATALOGAÇÃO NA PUBLICAÇÃO
SINDICATO NACIONAL DOS EDITORES DE LIVROS, RJ

L583s

    Lencioni, Patrick
        Os 6 tipos de talento profissional / Patrick Lencioni ; [tradução André Fontenelle]. - 1. ed. - Rio de Janeiro : Sextante, 2023.
        192 p. ; 21 cm.

        Tradução de: The 6 types of working genius
        ISBN 978-65-5564-693-1

        1. Grupos de trabalho - Administração. 2. Desenvolvimento organizacional. I. Fontenelle, André. II. Título.

23-84550
        CDD: 658.406
        CDU: 005.32

Gabriela Faray Ferreira Lopes - Bibliotecária - CRB-7/6643

Todos os direitos reservados, no Brasil, por
GMT Editores Ltda.
Rua Voluntários da Pátria, 45 – Gr. 1.404 – Botafogo
22270-000 – Rio de Janeiro – RJ
Tel.: (21) 2538-4100 – Fax: (21) 2286-9244
E-mail: atendimento@sextante.com.br
www.sextante.com.br

*Este livro é dedicado a meu filho Matthew.
Sem suas ideias, este projeto não teria acontecido
nem teria sido a alegria que foi para mim.*

Sumário

Introdução	9
A FÁBULA	11
EXPLORANDO O MODELO	147
Contexto	148
Modelo e avaliação	151
O mapa de produtividade da equipe	163
O Talento Profissional e a saúde organizacional	181
O que espero do Talento Profissional	183
Agradecimentos	188
Sobre o autor	190

Introdução

Este livro se baseia em duas verdades inegáveis.

Primeira: as pessoas que utilizam seus talentos naturais, concedidos por Deus, são muito mais realizadas e bem-sucedidas do que as que não os utilizam.

Segunda: equipes e organizações que ajudam as pessoas a tirar proveito do talento que Deus lhes deu são muito mais bem--sucedidas e produtivas do que as que não ajudam.

Por mais óbvio que tudo isso pareça, a maioria das pessoas ainda não se sente muito realizada no trabalho, o que faz sentido, porque não conhece em profundidade seus talentos profissionais. Em consequência disso, grande parte das equipes não chega nem perto de aproveitar os talentos de seus integrantes nem de atingir seu verdadeiro potencial. A pergunta que precisa ser feita é: por que ainda não resolvemos esse problema?

Certamente não é por falta de tentativa. Dispomos de várias ferramentas maravilhosas que nos ajudam a compreender melhor nossa personalidade e nossas preferências. Utilizo muitas delas há vários anos. O problema sempre foi descobrir como elas se aplicam à experiência cotidiana de realizar um trabalho de verdade, de qualquer tipo, com colegas de equipe que têm talentos diferentes.

É uma satisfação poder dizer que *Os 6 tipos de Talento Profissional* resolve exatamente esse problema. Não apenas proporciona uma base para cada indivíduo conhecer rapidamente seus talentos singulares, mas o faz com uma abordagem nova e válida para qualquer tipo de trabalho. Em outras palavras, serve ao mesmo tempo como ferramenta de produtividade e modelo pessoal.

Preciso reconhecer que não me dediquei especificamente a resolver esse problema; isso aconteceu, em grande medida, por acidente. Eu vinha lutando contra minha própria oscilação entre alegria e exasperação no trabalho, quando uma pessoa (obrigado, Amy!) me fez uma pergunta crucial: "Por que você é assim?" Não era uma acusação nem um julgamento, mas uma pergunta concreta, nascida da curiosidade e do desejo de me ajudar a descobrir por que eu ficava frustrado com tanta frequência. Afinal, trabalhava na minha própria empresa, com bons amigos, em uma área que eu amava. Eu não fazia ideia de que a resposta resultaria no modelo que apresento neste livro. E certamente não sabia que levaria a um questionário capaz de transformar a vida das pessoas – inclusive a minha –, mais do que qualquer coisa que já tínhamos feito no The Table Group. Da descoberta de mais alegria no trabalho, passando por uma compreensão melhor do cônjuge ou dos filhos e por uma reorganização de equipes para alinhar melhor os talentos de seus integrantes, ficamos maravilhados com as histórias enviadas por pessoas que encontraram alívio imediato e duradouro graças ao modelo e ao questionário do Talento Profissional.

Como na maioria dos meus livros, a primeira parte é uma parábola que representa uma história fictícia – mas realista – sobre o Talento Profissional e sua aplicação. A segunda parte é um panorama detalhado do modelo em si. Espero que *Os 6 tipos de Talento Profissional* permita que você e aqueles que trabalham com você se tornem as pessoas que Deus os criou para ser, e que sua equipe, sua organização e até mesmo sua família se beneficiem disso.

A Fábula

JOB

Trabalhar não é tudo na vida. Mas é uma parte importante. E, por mais que eu desejasse o contrário, durante anos o impacto do trabalho sobre mim foi frustrante. Felizmente, pouco tempo atrás descobri algumas coisas que tornaram esse impacto muito mais positivo, e bem no momento certo, porque minha vida estava prestes a sofrer uma transformação.

A propósito, sou conhecido como Bull Brooks. Sei que, pela sonoridade, você deve estar pensando que sou cantor de rap ou algo assim. Mas meu verdadeiro nome é Jeremiah. Por causa de uma canção infantil dos anos 1970 sobre uma rã-touro chamada Jeremiah, começaram a me chamar de Bull ("touro" em inglês) quando eu era criança e o apelido pegou. Todo mundo, exceto meus filhos, me chama de Bull. Acho que até eles um dia vão usar o apelido, mas, por enquanto, ainda é "papai".

Meu nome completo, na verdade, é um tanto pomposo: Jeremiah Octavian Brooks. Santo Otaviano foi um mártir do século V e, por algum motivo que não recordo, mamãe gostava dele. Uma coisa interessante em tudo isso é que minhas iniciais são JOB, "emprego" em inglês. Talvez por isso ninguém se espante por eu ter adquirido uma espécie de obsessão por trabalho.

Mas chega de falar de mim e do meu nome esquisito. Agora quero contar como o trabalho quase acabou comigo e o que eu aprendi que mudou tudo.

Trabalho

Provavelmente eu devia começar explicando a primeira coisa que aprendi sobre o trabalho, ensinada por meus pais.

O que mais lembro sobre o emprego do meu pai é que ele não tinha muita escolha. Sem um diploma universitário e morando em uma cidade relativamente pouco desenvolvida, não havia tantas opções. Ser perito de sinistros – e devo admitir que não entendia direito o que isso significava até sofrer meu primeiro acidente de carro – não é a profissão mais fascinante do mundo, mas tampouco é a pior. Ele tinha tempo para a família e passava pelo menos metade do dia em casa.

Minha mãe cuidava da casa e de tudo que acontecia conosco. Parecia gostar de quase todos os aspectos desse trabalho, nos ensinando a ler, se voluntariando na escola ou pagando as contas. Com exceção de lavar a roupa, algo que, de maneira sensata e eficaz, ela delegava para a gente, nunca reclamava da labuta cotidiana e sempre dizia que cada dia passado conosco era uma alegria. Acho que ela estava sendo sincera.

Se meu pai gostava ou não do trabalho, não dá para dizer. Não era assunto de conversa nem talvez de preocupação. Tirando uma vez que ele disse: "Bull, se fosse divertido, não chamariam de 'trabalho'", nunca passou pela minha cabeça se ele considerava o emprego gratificante ou não. Para meu pai, trabalho era aquilo que ele fazia para pagar a hipoteca e a mensalidade da escola. Mais nada.

Foi só depois de conseguir meu primeiro emprego, como caixa de banco, que decidi que o jeito de meu pai encarar o trabalho não seria o meu.

Aparando a grama

Por falar em papai, ele era um cara incrível. Nos anos 1950, as pessoas diriam que ele era "bacana". Nem sei direito por que estou contando isso. Ele era afável, responsável e econômico. Bacana. Uma de suas atividades favoritas era o ritual de aparar a grama aos sábados de manhã. Não era só pela grama, é claro. Essa era a parte divertida, que ele reservava quase exclusivamente para si mesmo. O processo também incluía varrer a grama solta, catar as folhas, arrancar as ervas daninhas, limpar as ferramentas e recolher as coisas, seguido pelo *grand finale* de lavar a rampa de acesso de casa e a calçada com a lavadora de pressão.

Como eu era obediente a meu pai, pulava da cama e ficava no quintal todo sábado, quando, na verdade, o que queria era assistir a desenhos ou beisebol na TV. Mas eu o ajudava. E odiava. Nunca entendi direito por quê, e isso me incomodava porque eu amava meu pai. Mas era uma tortura.

Alguns meses atrás, finalmente descobri de onde vinha minha frustração com o ritual dos sábados de manhã, e esse é o tema da história que vou contar. Bem que eu gostaria de ter explicado a meu pai naquela época, pelo menos antes de ele morrer. Teria evitado algumas decepções recíprocas desnecessárias e talvez eu pudesse ter assistido a mais desenhos e jogos de beisebol.

Me desculpe por isso, papai.

Joy

Embora eu só tenha conseguido meu primeiro emprego de verdade, aquele no banco, no último ano do ensino médio, fiz muitos bicos para ganhar dinheiro durante a adolescência.

Em um verão, viajei até a região dos campos de petróleo e exerci o empolgante trabalho de pregar alvos de metal em forma de animal em um estande de tiro. Ficar agachado em uma trincheira enquanto as balas voavam sobre minha cabeça foi, provavelmente, a maior motivação que já tive para fazer faculdade.

Também me lembro de outro verão em que ajudei meu vizinho, cuja profissão era fazer isolamento térmico em sótãos. Meu serviço consistia em ficar em pé, na carroceria metálica de um caminhão, sob um calor de mais de 40 graus, tomando cuidado para não perder um dedo enquanto esticava uma fibra de vidro gosmenta para recobrir algo que só consigo descrever como um triturador de isolamento.

Foi aí que pintou o lance do banco. (Uau, dito assim parece que eu roubei um.)

Veja bem, eu tenho certeza de que tem gente que nasceu para ser caixa de banco, mas ao mesmo tempo tenho certeza de que não sou uma dessas pessoas. Por mais que me esforçasse, meu caixa sempre dava diferença no fim do dia. Nunca consegui entender por que isso era tão grave.

Às vezes a diferença era só de alguns centavos, ou dois ou três dólares, e eu me oferecia para pagá-los do meu bolso. O gerente dizia: "Não é assim que funciona", e passávamos mais de uma hora tentando descobrir que botão eu tinha apertado errado no negócio de registrar o dinheiro.

Acho que eles só não me demitiram porque as moças – todas as outras caixas eram mulheres – gostavam da minha presença. Eu as fazia rir. O que provavelmente também explica por que meu caixa dava diferença dia sim, dia não. O que eu mais gostava era quando tinha que trabalhar na janela do drive-thru, em que um tubo pneumático soprava o dinheiro das pessoas para um recipiente do lado de fora. Às vezes eu mandava junto um sachê de ketchup ou alguma coisa da geladeira, só para divertir os clientes.

Do que mais me lembro daquele emprego, porém, é da mulher que trabalhava no caixa ao lado do meu. Seu nome era Joy e era encantadora. Casada, com dois ou três filhos, não era do tipo que um menino de 17 anos chamaria de amiga. Mas ela ria das minhas piadas, me ajudava quando eu não entendia a diferença entre um cheque administrativo e uma ordem de pagamento, e se interessava por mim como pessoa. Fui ficando fã dela.

Quando o verão acabou, lembro do meu próprio espanto ao constatar quanto eu respeitava Joy e gostava de estar em sua companhia, e não vou esquecer o que ela me disse:

– Bull, não seja como eu. Ache alguma coisa que você goste de fazer para nunca ter a impressão de estar trabalhando.

Tentei consolá-la dizendo que o trabalho dela não era tão ruim. Ela simplesmente descartou meu comentário e respondeu: "Não se acomode, meu amiguinho."

Essas palavras me assombrariam poucos anos depois.

A CONFUSÃO NA FACULDADE

Na faculdade, não fui tão festeiro quanto poderia. Vindo de uma família de classe média baixa (zero reclamação sobre isso), sempre senti a obrigação de levar a escola a sério, já que meus pais pagavam caro pela mensalidade. Por isso, estudei muito.

Infelizmente, tive pouca orientação quando chegou a hora de escolher o curso superior.

Optei por Economia porque me parecia um misto ideal de praticidade e ciências humanas. Quero dizer que não era nem um curso inútil (não quero ofender ninguém que tenha estudado dança interpretativa, mas...) nem técnico demais (será que alguém acha divertido Engenharia Elétrica com ênfase em Matemática?). Você sabe o que quero dizer.

Ao me formar, não sabia direito o que tinha aprendido de Economia. Até hoje consigo explicar um pouco aquele negócio de curva da oferta e da demanda, e é só. Bem que eu queria estar brincando.

Quando chegou a hora de arrumar um emprego, eu estava meio perdido. Por isso, usei um método sofisticado: descobrir que empresas tinham vagas e pagavam bem. E sinto vergonha de confessar isso. De verdade. Mas arrumei emprego em um banco.

Ok, não foi como caixa: eu fazia análise financeira de coisas que nem sei explicar direito. Acho que bloqueei na minha mente. E eu odiava. O pessoal que me contratou disse que eu ia gostar e me dar bem. Afinal de contas, eu era formado em Economia e, sabe-se lá como, tinha sido um dos melhores da classe. E não era simplesmente um emprego em um banco; era em um banco *de investimentos*. A sede era impressionante. Meus amigos me invejavam.

Mas eu estava infeliz.

Durante quase dois anos, que para mim foram como uma década, tentei dar certo. Recorri a toda a minha disciplina e força intelectual para superar meu desinteresse e me persuadir de que aquele emprego era meu passaporte para uma carreira de sucesso. Mas o preço foi alto demais, física e emocionalmente. Quando eu estava prestes a abandonar qualquer esperança de dar certo no setor de investimentos, meu chefe misericordiosamente tomou a iniciativa e me demitiu. Eu parecia um cavalo com a pata quebrada, aliviado por ser sacrificado.

Mas também estava perdido.

A FALSA VOLTA POR CIMA

Sacudindo a poeira do meu orgulho e do meu currículo, resolvi procurar um emprego novo com um pouco mais de discernimento. E você não vai acreditar no que vou contar agora: acabei trabalhando em outro banco.

Antes que você me considere um lunático ou um viciado em autopunição, saiba que, na prática, eu não atuava no serviço bancário. Consegui um emprego em marketing.

Não tenho palavras para contar meu alívio por ter saído da engrenagem do setor financeiro. E tinha muita confiança que o marketing seria melhor. Infelizmente, minha função acabou se revelando um fardo tão pesado quanto o anterior.

Em menos de um ano, me surpreendi reclamando o tempo todo com Anna, minha namorada – que depois viria a ser minha esposa –, sobre como aquele emprego estava me enlouquecendo. Embora Anna fosse e continue sendo uma mulher paciente, deu para notar que ela estava ficando um pouco cansada dos meus perrengues no trabalho. "Você precisa muito achar algo de que goste", aconselhava o tempo todo.

Anna trabalhava em uma empresa de organização de eventos corporativos. Para ser franco, era um trabalho muito puxado, que a obrigava a passar até metade do ano viajando. E embora as viagens em si ficassem cada vez mais cansativas para ela, Anna parecia gostar do que fazia. Pelo menos eu não a via reclamar. E o mais importante: ela não sofria com a Depressão do Domingo.

A Depressão do Domingo

Provavelmente você sabe do que estou falando – aquela sensação que vai dando na hora do Domingão na TV, ou o que quer que você esteja fazendo no domingo à noite, quando se dá conta de que faltam apenas 12 horas para ter que voltar ao trabalho. Eu sofria disso quando trabalhava no banco de investimentos e continuei sofrendo no meu emprego de marketing.

E, se já não fosse ruim o bastante, comecei a sofrer cada vez mais cedo a cada fim de semana. Às vezes eu saía com Anna no *sábado* à noite e começava a sentir aquele mal-estar indefinível. E aí caía a minha ficha. Era o trabalho.

Pois bem, você deve estar se perguntando por que eu só escolhia empresas especialmente ruins para trabalhar. Eu mesmo pensava nisso. Olhando para trás, porém, devo admitir que aqueles dois primeiros empregos e o punhado de chefes que tive em cada um deles estavam um pouquinho acima da média. As pessoas para quem eu trabalhava se interessavam por mim mais do que eu poderia esperar e gostavam de verdade do que faziam. E queriam que eu gostasse também.

O problema é que eu não gostava. E estava entrando em pânico.

O DESESPERO

Àquela altura eu estava disposto a tentar qualquer coisa para não me amedrontar mais com o trabalho. Por isso, fui conversar com uns poucos conhecidos que gostavam de verdade do que faziam. Marquei um encontro com um advogado feliz e concluí que ele tinha um problema mental. Brincadeira. Conversei com um consultor em gestão, um professor e um programador.

Quando perguntei do que eles gostavam no trabalho, as respostas não fizeram nenhum sentido para mim. Eles falaram em termos vagos sobre lei, negócios, educação e tecnologia, mas seus argumentos não foram lá muito convincentes. Suspeitei que havia algo errado só comigo e que estava fadado a uma vida de infelicidade profissional. Quando bati meu carro, conheci até um perito de sinistros que parecia achar seu trabalho ótimo, mesmo sem conseguir me explicar por quê.

Eu me sentia cada vez mais distante do segredo de um emprego agradável, e não falo por falar. Fui caindo em uma leve depressão. E qualquer um que conhece um pouquinho sobre depressão sabe que até uma depressão leve é péssima. Foi aí que, graças a Deus, um dia, no trabalho, tive uma reunião com uma agência de publicidade.

Estávamos preparando uma campanha sobre um novo tipo de aplicação, ou alguma coisa igualmente chata na minha opinião, e fizemos uma pesquisa em grupo com um monte de gente na casa dos 30 para ver como enxergavam nossa marca. Os facilitadores faziam perguntas como: "Se a SFA [a empresa na qual eu trabalhava se chamava Sistemas Financeiros Acelera] fosse uma pessoa que entrasse na sala agora, como ele ou ela seria fisicamente?" Eu sei, parece ridículo, mas tinha aí alguma coisa que eu achava interessante.

Bom, depois de terminada a pesquisa, fiz perguntas a uma mulher da agência de publicidade sobre a empresa dela. Ela me disse que eles estavam crescendo e contratando.

Então tirei a poeira do meu currículo, mandei para ela e para um cara de recursos humanos e, várias semanas depois, eu estava dizendo às pessoas nas festinhas que trabalhava com publicidade. Juro que não sou tão fútil assim. Só achava divertido dizer: "Trabalho com publicidade."

Mas aí vem a melhor parte. A Depressão do Domingo sumiu.

A FELIZ IGNORÂNCIA

Embora eu já estivesse com 26 anos, tive que começar pelo degrau mais baixo da agência. Isso significava ser escalado para os menores clientes. Uma das minhas primeiras missões foi criar uma campanha para – acreditem – uma minifazendinha. Não estou brincando.

Um dos sócios da nossa empresa tinha um amigo que tinha um primo que tinha uma mulher que jogava golfe com uma mulher que era dona de uma fazendinha. E ele, o sócio, concordou em ajudá-la com a publicidade quase de graça. O que significava que foram buscar a pessoa menos experiente e com o menor salário da empresa. Éramos eu e um cara chamado Jasper Jones. Sim, Jasper Jones. Eu nunca tinha visto ninguém com um nome desses. Ele fazia questão de esclarecer que era Jasper, e não Casper, aquele do filme *Gasparzinho*, e me proibiu de colocar esse apelido nele. Por isso, quando eu queria muito, muito provocá-lo, eu o chamava de Gasparzinho.

Bom, o fato é que Jasper e eu fomos escalados para ajudar a fazendinha a atrair mais "fazendeirozinhos". Por mais ridículo que pareça, tenho que admitir que gostei mais daquele trabalho do que de qualquer outra coisa que já tivesse feito.

Pesquisamos todas as escolas fundamentais, pré-escolas e associações e clubes de jovens da região e conversamos com mais de dez diretores, professores e administradores. Projetamos tudo, de folhetos a camisetas, passando por broches – sim, broches –, para distribuir de graça na fazendinha. Sendo bem honesto, eu fiz a maior parte do design e Jasper cuidou de organizar tudo.

Nossos colegas caçoavam da gente sem dó e deram à nossa missão o nome de Projeto Lhama. Embora fingisse achar a tarefa besta, eu estava bem contente.

Durante mais de seis meses fizemos todo tipo de serviço para clientes da empresa. Na maior parte do tempo, bolávamos anúncios de jornal e contratávamos gente para entregar panfletos na rua ou ajudávamos clientes a criar canecas e cartazes para suas pequenas empresas.

Porém, por algum motivo, isso não me incomodava. E eu não sabia por quê. E não me importava. Eu estava mais feliz. Anna estava mais feliz. Jasper estava feliz. Quem se importa com o motivo?

Alguns anos depois, eu me dei conta de que devia ter me importado.

Montagem

Durante dois ou três anos, minha vida foi praticamente desprovida de tristeza e ansiedade com o trabalho. Que alívio!

Ganhei clientes melhores, um pouco mais de dinheiro e comecei a subir a famosa escada corporativa.

Nessa época, Anna e eu nos casamos e tivemos nosso primeiro menininho. Demos a ele o nome de Matthew, e Octavian como nome do meio, o que significa que a sigla dele era MOB ("máfia", em inglês). Anna quase não me deixou dar a ele meu nome do meio, mas eu a convenci de que isso não faria o pequeno Matthew entrar para a máfia quando crescesse.

A vida seguia e eu nem me lembrava de como era a Depressão do Domingo.

Foi então que aconteceu uma coisa terrível.

Fui promovido.

Parabéns pela sua perda

É isso mesmo. Mais dinheiro. Uma sala de verdade. Mais responsabilidade. Fiquei em êxtase.

Durou mais ou menos um mês.

Aos poucos, e de maneira quase imperceptível, minha alegria no trabalho foi sumindo.

Chegou um momento em que cada dia ficava menos gratificante. Um problema aqui. Uma bronca ali. Um cliente difícil acolá. Eu me peguei sentindo um incômodo levíssimo certa noite de domingo enquanto assistia a um filme com Anna. O que estava acontecendo?

Evidentemente, não ousei comentar nada com ela. Justo agora que ela trabalhava meio período e tentávamos ter outro filho, Anna precisava que eu continuasse em um emprego estável. Por isso, descartei o problema como temporário, um soluço sem importância, um leve tropeço na minha estrada infinita rumo ao paraíso das vocações.

Aí veio o ciclo de análise de desempenho anual. Fazia só dois meses que eu estava na minha nova função, por isso nem tinha certeza de que seria avaliado. Mas fui, e não gostei.

Ok, não foi exatamente uma catástrofe. Em quase todas as áreas em que fui avaliado, recebi a nota "atende às expectativas", enquanto em uma ou outra caí na categoria "precisa se esforçar para atender às expectativas". Mesmo assim, fiquei chateado. Poxa, na escola eu nunca tinha ganhado nenhuma nota menor que B-. E, por pior que eu fosse no banco e no setor financeiro, a publicidade era algo que eu amava. Era um recuo grave na curva ascendente da minha carreira.

Meu gestor, Chaz Westerfield III (sim, era um nome que se encaixava com perfeição na personalidade dele), disse que minha avaliação "sem brilho" provavelmente se devia a meu pouco tempo no cargo e que ele "preferia ser severo comigo e me fazer melhorar a ser condescendente e deixar que eu me acomodasse".

– Eu não vou me acomodar, Chaz. Só fiquei surpreso.

Ele tentou me consolar, sem muita convicção:

– Bem, no geral você está atendendo às expectativas.

– Qual é, cara. Isso qualquer um faz. Não consigo ver onde está o problema. Meus clientes estão contentes.

– E você, está?

Respondi sem pensar:

– Estou, sim. Quer dizer, não pareço estar? Tenho feito...

Chaz me interrompeu, balançando a cabeça:

– Bull, você não parece feliz. – Ele fez uma pausa enquanto eu digeria aquele comentário inesperado. – E sua equipe não parece tão feliz assim.

Entrei na defensiva:

– Não parece tão feliz assim? O que isso quer dizer? Como é que alguém vai saber...

Ele me interrompeu de novo:

– Eu perguntei a eles.

Fiquei paralisado. O que eu poderia dizer?

Anos depois, fiquei sabendo por um dos meus ex-subordinados, que veio a trabalhar comigo de novo, que Chaz não reproduziu fielmente o feedback da minha equipe e que eles tinham lhe dito que estavam preocupados com a *minha* infelicidade, e não com a deles. Mas eu não tinha como saber. Apenas concluí que eu estava por fora e que ele estava dizendo a verdade. Seja como for, eu não sentia muito apreço por Chaz naquele momento.

– Pois bem, Chaz. Aliás, quem é que tem um nome desses? Quero dizer, ele se encaixa em você porque você não passa de um metido a besta, e provavelmente quando fez 16 anos ganhou uma Range Rover e um fundo de investimento.

Ainda bem que eu não disse exatamente isso. Bem que eu queria, mas até mesmo em meu estado atarantado e defensivo, sabia que não seria justo ou verdadeiro. Quer dizer, provavelmente ele ganhou uma Range Rover aos 16, sim, e o uso do termo *metido a besta* era justificado, mas quem era eu para julgá-lo? Não era totalmente culpa de Chaz – pelo menos até onde eu sabia na época –, mesmo que eu não simpatizasse com o cara.

– Ouça, Chaz. Você tem razão no que está dizendo e esse desafio é meu. E, juro por Deus, vou assumir a responsabilidade por mim mesmo e pela minha equipe e usar essa avaliação decepcionante como motivação para evoluir.

Também não foi isso que eu disse. Bem que eu queria, mas não disse. Só fiquei lá, sentado, franzindo a testa e pensando no que ia dizer à Anna.

Encerramos a avaliação e, fiel à natureza teimosa do meu nome, voltei para minha sala decidido a engolir aquilo calado e sozinho. Então, durante os seis meses seguintes, ralei. Passei menos tempo em casa. E, quando estava em casa, ficava rabugento. Também fiquei bem rabugento no trabalho.

Anna estava atarefada e estressada com Matthew – ah, depois que ele passou pela fase das cólicas, descobrimos que era alérgico a amendoim –, e menos paciente com minha nova atitude. E embora eu não vá entrar em detalhes aqui, começamos a ter problemas. Ou, para ser mais exato, *eu* comecei a ter problemas.

Deixei de dar a devida atenção aos problemas de Anna em casa. Muitas vezes eu era lacônico com ela. Comecei até a reclamar de ter que trocar as fraldas de Matthew, embora minha contribuição nesse serviço sujo não passasse de uns 4%. A verdade é que eu não me comportava de maneira racional nem paciente. Embora Anna enxergasse isso com mais clareza que eu, certamente eu não me orgulhava de mim.

Alguns meses depois, Anna e eu finalmente tivemos A Conversa. Estávamos na cozinha jantando hambúrguer com refrigerante enquanto Matthew dormia. Foi mais ou menos assim...

> **Bull**: Não queria te contar, mas voltei a odiar o meu emprego.
> **Anna** (confusa e chorando): O quê? De novo não.
> **Eu** (entrando em pânico): Relaxa. Não é tão ruim assim. Vou dar um jeito.
> **Anna** (ainda chorando, mas não tão chateada): Eu sei que vai. Aliás, estou grávida.
> **Eu** (chocado): O quê? Quer dizer, fantástico! Não se preocupe com meu emprego. Vou dar um jeito.

Nesse instante, a maioria dos meus pensamentos sobre o trabalho desapareceu e ficamos apenas comemorando.

Duas horas depois, deitado na cama tentando dormir, minhas preocupações com o trabalho voltaram. Foi nessa hora que resolvi que não iria virar um marido e pai rabugento com a família que crescia. Sabia que precisava mudar e orei para que acontecesse alguma coisa que possibilitasse essa mudança. Alguns meses depois, essas orações foram atendidas.

Headhunter

Certa tarde, depois da terceira reunião frustrante do dia, recebi uma ligação. Era de um sujeito de uma agência de recrutamento do centro da cidade.

– Faz algum tempo que estamos monitorado você, Bull – disse o sujeito.

Eu me senti como um espião.

– Uma das maiores agências de publicidade da cidade gostaria de conversar com você sobre uma vaga. Você se interessaria?

Como não? Quero dizer, tinha alguém me observando, afinal de contas.

Dois dias depois, fui almoçar com um rapaz e uma moça em um restaurante chique perto da marina e soube que poderia ganhar quase 20% a mais fazendo o mesmo tipo de trabalho que vinha fazendo nos últimos anos, e com clientes mais desafiadores.

Então pulei dentro. E aterrissei bem.

Depois de quatro dias de adaptação – sim, só quatro dias –, me senti mais feliz em um emprego do que nunca. Clientes novos, setores novos, colegas novos e ideias novas. Eu mal podia acreditar que mudar de emprego pudesse levar a tamanho salto no meu salário.

Mas a remuneração tinha pouco, ou nada, a ver com meu sentimento de alívio. Quer dizer, eu não ia recusar dinheiro, mas tinha algo a mais envolvido, algo relacionado ao trabalho em si.

Eu não conseguia determinar exatamente o quê, então apenas dizia a mim mesmo e a todo mundo que perguntava que devia ser porque eu gostava mesmo de publicidade.

Montagem, parte 2

Vamos avançar sete anos no tempo.

Anna tinha acabado de dar à luz nosso quarto filho. Tínhamos nos mudado para um bairro agradável chamado Pleasant Hill. E embora a vida caminhasse numa velocidade maior do que eu desejava, o trabalho era, em linhas gerais, fonte de alegria.

De tempos em tempos, eu pensava em Joy e nas outras caixas do antigo banco na minha cidade natal. Alguns anos antes, durante uma visita a meus pais, passei pela janela do drive-thru para descontar um cheque (naquele tempo ainda se fazia isso). Dei uma olhadinha lá dentro e, para minha tristeza, vi Joy na janelinha, batendo papo com um cliente. Felizmente ela não me viu, porque eu não queria entrar e lhe contar como eu estava mais feliz agora, bolando estratégias de publicidade em vez de emitir cheques administrativos. Eu teria ficado triste demais. Ou ela teria. Não tenho certeza.

Ali estava eu, então, já passando bastante dos 30 anos, fazendo o possível para ser um bom pai e marido, desfrutando do trabalho mais do que poderia esperar dez anos antes. Para ser sincero, passei a achar a satisfação no trabalho algo obrigatório. Tinha virado vice-presidente de não-sei-o-quê na agência e tudo parecia ir às mil maravilhas. Até o dia do anúncio.

Aquisição

Fusões e aquisições, no mundo da publicidade, não eram tão raras naquela época, seja lá o que signifiquem. Agências grandes compravam agências pequenas, e agências pequenas brotavam de agências grandes com certa frequência. Por isso, não fiquei particularmente preocupado quando fomos adquiridos por uma das cinco maiores agências do mundo.

Manteríamos a maior parte da nossa clientela, e isso parecia ser o mais importante. Mas não compreendi o impacto que o modelo operacional da agência maior teria sobre nós e o que isso significaria para mim em termos pessoais.

Não vou incomodar você com os detalhes, mas a agência tinha um método de gestão de clientes que era mais setorial do que geográfico. Basicamente, isso significa que eu tinha que colaborar com colegas de Londres e Nova York que trabalhavam com clientes do mesmo setor que o meu. Havia o setor de hotéis. O setor de bens industrializados. O setor de esportes. O setor de molhos para churrasco... não, esse não existia, mas era quase como se existisse.

O que não faltava eram vice-presidentes, incluindo eu. E devo dizer que, na maioria, eram pessoas bem-intencionadas. O problema era que eu tinha que me reunir com eles o tempo todo e usar termos como *linha pontilhada, sinergia, buy-in multidisciplinar* e *matriz de aprovação*. Era entediante. E também bastante desanimador.

Em toda a minha carreira, nunca perdi tanto tempo e produzi tão pouco quanto naquele período. Eu tinha que fazer politicagem e pedir aprovação a cada passo do processo do cliente. E não tinha como proteger minha equipe de tudo aquilo. Com base nas descrições de cargo, todos tinham que se preocupar com suas linhas pontilhadas no organograma, tentando sobreviver ao terror da gestão de matriz. Ninguém conseguia sair do próprio quadradinho e todos tinham que descobrir se era para agradar o chefe, a equipe setorial global ou os clientes. Era uma bagunça.

A pior parte era que o modelo da agência parecia funcionar, pelo menos do ponto de vista financeiro. A mega-agência estava faturando mais e atraindo mais clientes novos do que qualquer concorrente. Quem era eu para duvidar daquele método? Além disso, minha equipe e eu recebíamos mais dinheiro do que poderíamos esperar ou considerávamos merecer.

Para mim, porém, não era o bastante. A Depressão do Domingo tinha voltado e resolvi que nenhum dinheiro no mundo me faria passar por aquilo de novo.

Confissão

Eu sabia que tinha que falar com Anna e não estava com muita vontade de ouvir o que ela ia responder. Por isso, levei-a ao nosso restaurante italiano favorito, cujos donos eram um casal da mesma cidadezinha da Toscana de onde a família dela viera. Não foi só porque eu gostava da comida; queria que ela estivesse de bom humor quando desse a notícia.

Meu plano era esperar até a sobremesa.

– A Depressão do Domingo voltou – deixei escapar ainda na entrada, uma burrata. Meu autocontrole é péssimo.

Levou um instante até ela digerir o que eu acabara de dizer.

– Como é? – Claramente ela não tinha gostado.

– É, perdi o ânimo de ir para o trabalho.

Anna colocou o garfo na mesa e respirou fundo.

– Mas você gosta do Joe, da Janet e daquele outro cara que começa com J. – Parecia mais uma acusação do que uma pergunta ou uma constatação.

– Javier.

– Isso – ela respondeu friamente. – Eu sempre esqueço.

– Talvez porque o nome dele devesse começar com "ch". – Eu estava tentando brincar.

Ela não riu, nem sequer sorriu.

– Deve ser. Seja lá como for. Você disse que gostava dessas pessoas.

– E gosto – concordei.

– É a mulher do RH?
– Não. – Dei uma risada nervosa. – A Holly é um saco, mas não a ponto de me deixar com a Depressão do Domingo.
– O que é, então? – ela perguntou, com um semblante frio que eu só tinha visto antes duas vezes, em situações que prefiro esquecer.
– Não sei – respondi, tentando não demonstrar meu medo.
– Acho que tem a ver com a burocracia. As aprovações. Os relatórios. A absoluta falta de qualquer criatividade.
Anna ficou parada, só olhando para a comida, durante os 15 segundos mais longos da minha vida.
Por fim, respirando fundo, ela franziu a testa e balançou a cabeça muito levemente, mas sem dizer nada.
– Que foi? – perguntei.
– Que foi o quê? – Ela retrucou friamente.
– Tem alguma coisa errada – afirmei. – Dá para notar que tem alguma coisa errada.
Ela respirou fundo de novo, ergueu os olhos e me encarou. Alguma coisa tinha mudado. Havia uma levíssima indicação de empatia.
Por fim, ela falou:
– Acho que sei o que você está pensando. – Ela fez uma pausa. – Mesmo que você ainda não saiba o que está pensando.
Não tinha ideia do que ela queria dizer, mas já havia me acostumado com a precisão da telepatia conjugal dela.
Ainda assustado, respondi:
– O que eu estou pensando?
– Vou deixar você descobrir – ela respondeu, antes de se servir de um pouco de burrata.
– Não é justo – reclamei inutilmente, tentando mudar o clima de maneira patética. – Você me conhece melhor que eu.
A comida chegou, o que permitiu uma pausa de alguns minutos

para eu me emparelhar com o cérebro da minha esposa e reunir toda a minha coragem.

Depois que uma avalanche de parmesão ralado caiu no meu macarrão e o homem com o ralador se afastou da mesa, prossegui:

– Então, você disse que eu estou pensando alguma coisa e que você não gostou?

– Em parte, é isso – ela anunciou, em tom direto, enquanto provava o nhoque quente.

– Então, você *gosta* do que estou pensando, mesmo sem eu saber o que estou pensando?

Acho que ela quase sorriu, mas não dava para ter certeza.

– Não desgosto. É só que não é fácil para mim.

– Então é uma mudança grande.

Ela ergueu os olhos para mim e assentiu levemente. Agora havia sinais de pequeníssimas lágrimas nos olhos dela.

Foi aí que caiu minha ficha. Baixando meu tom, não porque alguém fosse nos escutar, mas porque eu estava quase com medo de dizer em voz alta, falei:

– Preciso abrir minha própria agência.

Anna fechou os olhos e concordou lentamente. Depois de mais dez segundos de silêncio, perguntei:

– Pra você tudo bem?

– Não – ela respondeu sem delongas.

Fiquei confuso.

– Mas tenho certeza de que é o único jeito de você ficar feliz no trabalho. – Ela fez mais uma pausa, deu outra mordida na comida, engoliu e prosseguiu: – E acho que é hora de a gente se mudar. É o momento certo para tudo isso, para você, para mim, para as crianças.

Respirei fundo. Ela respondeu à minha pergunta seguinte antes que eu a formulasse:

– Sim, tenho certeza.

Curativo

Muitos meses depois, estávamos vivendo à margem do lago Tahoe, no estado de Nevada, a apenas 15 quilômetros do caos de um estado onde havíamos morado a vida inteira. Eu havia encontrado um escritório simples, com vista para o monte Rose, e não tive dificuldade em contratar alguns funcionários, amigos e ex-colegas que estavam mais ávidos para fugir do que eu imaginava.

Sair de uma grande região metropolitana – nada contra Reno – não foi lá um problema, considerando que a maior parte do que fazíamos era digital. Também nos tornamos adeptos precoces da videoconferência para nossas reuniões internas e com os clientes.

Demos à agência o nome de Jeremiah Marketing – a equipe fez questão de que encontrássemos um jeito de usar meu verdadeiro nome, que tinha ficado escondido do mundo durante 42 anos. A meia hora do lago, as pistas de esqui e um aeroporto internacional nos davam uma sensação boa. Tudo parecia mais leve, e não apenas por causa da altitude.

O escritório tinha ao todo 12 pessoas. Eu era o CEO, seja lá o que isso quer dizer. Talvez seja bom traçar um panorama da nossa equipe executiva, porque a maior parte do que vem depois tem a ver com eles.

Amy Sample era a vice-presidente de vendas e relacionamento com o cliente. Conheci Amy anos antes, na primeira agência em que trabalhei. Ela não participou do Projeto Lhama comigo e Jasper, mas tinha começado na base da pirâmide, assim como nós, e era uma verdadeira joia.

Chris Herrera, meu amigo desde a faculdade, que estudou Economia e até se lembrava de alguma coisa, cuidava das finanças, das operações e de tudo que era administrativo. Demos a ele o cargo de CFO. Coloquei minha vida nas mãos dele, sabendo que não ia precisar perder o sono com folha de pagamento, registro de recebíveis ou liquidez. De tempos em tempos, eu dava um abraço nele.

Quinn Ryder era uma jovem cheia de energia, recomendada por Amy, e fazia um pouco de tudo. Eu sabia que ela era o volante de contenção, se você entender de futebol, ou a cola que mantinha tudo no lugar quando a m... caía no ventilador. Gostaram dessa mistura de metáforas? Bom, em todo caso, Quinn cuidava da compra dos anúncios e dos serviços operacionais para os clientes e de tudo mais que eles necessitassem.

Por fim, tínhamos Jasper Jones, meu parceiro na fazendinha. Como a maioria dos homens, mal nos falamos depois que nos separamos, anos antes, mas, quando o procurei para fazer o convite, foi como se o tempo não tivesse passado. Desde a última vez que havíamos nos visto, ele tinha deixado crescer uma das maiores barbas que eu já tinha visto, e isso parecia combinar bem com nossa nova aventura nas montanhas. Jasper virou o vice-presidente de serviços. Ele me ajudava com as soluções para os clientes, mas tinha meio que se especializado em publicidade digital e redes sociais.

Ah, e quase esqueci de mencionar Lynne Lynn. Esse é o nome dela, não estou brincando. O nome de solteira era Lynne Gregory, mas ela se apaixonou e se casou com um cara incrível, que tinha a infelicidade de ter esse sobrenome, obrigando-a a passar os últimos quinze anos implorando às pessoas que não a chamassem de LynneLynn, assim mesmo, tudo junto. Apesar disso, é assim que a chamamos. Lynne é nossa diretora de criação, focada em design, layout e produção.

No escritório havia ainda uma meia dúzia de pessoas que faziam uma série de coisas importantes em um nível ligeiramente inferior. Para ser justo, todos nós fazíamos alguma parte do trabalho pesado, porque em empresas pequenas é assim que funciona. E é assim que eu gosto.

Seja como for, nosso escritório era agradável, cheio de janelas e de luz. Mas não era pretensioso, como tantas agências de publicidade em que havíamos trabalhado. Não tinha escadinhas, nem pufe, nem mesa de totó ou pingue-pongue, nem cama de massagem, embora sempre tivesse, isso sim, cerveja e refrigerante no frigobar.

Tudo na JM, como chamávamos a agência, foi maravilhoso nos dois primeiros anos. Em casa também, graças a Deus. Mas essa é outra (e importante) história.

Nossa localização um tanto afastada não foi um obstáculo para conseguir excelentes clientes do país inteiro e ganhamos um pouco mais de dinheiro do que esperávamos. Contribuíram para isso os impostos mais baixos e um custo de vida mais decente. Continuamos a crescer e atrair gente boa, encontrando pessoas talentosas na região, também mais do que esperávamos. O mais importante é que todos estavam se divertindo muito.

Infelizmente, no começo do terceiro ano da nossa startup alguma coisa mudou. Fui vítima de uma crise daquilo que posteriormente eu viria a chamar de "mimimi".

O MIMIMI

Não foi nem de longe como a Depressão do Domingo, porque não cheguei a sofrer no fim de semana com a ideia de ter que trabalhar e continuava indo feliz para o escritório às segundas, assim como nas demais manhãs. Afinal de contas, eu trabalhava com gente que tinha sido, ou se tornado, meus amigos íntimos. Nosso trabalho era interessante, bem-feito e tínhamos reconhecimento por fazermos a diferença para nossos clientes.

Porém, por algum motivo, e cada vez mais, eu me via mais estressado e – qual seria a palavra ideal? – irritadiço do que deveria estar. Pelo menos uma vez por semana eu tratava mal as pessoas, com uma cara que levava a crer que estava insatisfeito com elas. E isso começou a acontecer cada vez com mais frequência.

No começo, todos me zoaram. Jasper começou a se referir à minha cara amarrada como "aquela cara". Ele fez até uma hilariante imitação minha, que me incomodou mais do que dei a entender. Um dia, em casa, Anna inventou sem querer um nome de rapper para mim, dizendo: "Você anda meio chato, não anda? Seu apelido devia ser Emichato." Eu não devia ter contado isso no trabalho para a garotada, porque, desse dia em diante, o rótulo pegou.

Por mais engraçado que fosse, a minha irritabilidade era um problema que eu não entendia. Como um cara que era dono da própria empresa e vivia cercado de gente tão interessante podia ser tão temperamental?

Eu queria desesperadamente resolver meu dilema, mas Anna queria mais do que eu. "É melhor você dar um jeito nisso, Bull. A gente não vai mais se mudar e você não vai achar uma equipe melhor que essa para trabalhar se eles cansarem de você." Ela deve ter usado palavras mais gentis que essas, mas é assim que eu me lembro.

Graças a Deus por Amy, que, sem querer, provocou uma descoberta que mudaria minha carreira, nossa equipe e minha vida.

A PERGUNTA

Estávamos em uma apresentação de vendas para uma empresa local chamada RenoCorp, dona de um time de beisebol da segunda divisão, de um time de hóquei e de um centro de eventos na região. Uma empresa bem interessante.

Apesar de algumas falhas e erros de digitação em nossa apresentação, Amy e eu brilhamos, e parecia que tínhamos conseguido um novo cliente. Porém, no caminho de volta ao escritório, reclamei dos erros que Makena e Shane, duas de nossas funcionárias mais jovens, tinham cometido ao preparar a apresentação. Acho que eu estava bem irritado, chegando a usar algumas palavras mais pesadas, o que Anna vinha me acusando de fazer cada vez mais nos últimos tempos.

Quando chegamos ao escritório, chamei Shane e Makena para uma reunião comigo e com Amy, e repreendi as duas. Não peguei pesado demais, Amy me garantiu depois. "Não foi o Emichato", brincou. Mas eu estava claramente aborrecido ao ter de dizer às duas que as distrações delas poderiam ter comprometido nossa venda.

Assim que as jovens advertidas saíram de fininho da sala, me virei para Amy.

– Ei, tive uma ideia para aquele resort novo que estamos anunciando em Graeagle. É um lugar voltado para famílias, e pensei em alguma coisa que contrastasse com o slogan de Las Vegas. *O que acontece em Graeagle* não fica em *Graeagle*. Leve para casa uma vida inteira de memórias. Alguma coisa assim.

Amy me olhou esquisito.

– Que foi? – quis saber.

– Por que você anda assim? – ela perguntou, retoricamente.

– O que você quer dizer?

– Não sei. – Ela franziu as sobrancelhas de um jeito educado, mas estranho. – Trinta segundos atrás, você estava fora de si. Agora está todo animado com uma ideia nova.

Eu não entendi direito o que ela quis dizer, então Amy continuou:

– Você passa da frustração para a inspiração em questão de segundos, e eu queria saber o que está causando isso. – Dessa vez ela parecia de verdade estar cobrando uma resposta.

– Você tem razão – admiti. – Você tem toda a razão. Quisera eu saber por quê.

Depois de uma pausa, ela começou a pegar as coisas dela para ir embora. Eu a detive.

– Não, eu quero de verdade saber por quê. Metade do tempo, o trabalho me deixa pilhado. Na outra metade, me deixa frustrado. E na outra metade isso tudo me deixa confuso.

– Não dá para ter três metades.

– Hein?

Ela deu um sorriso.

– Você disse "metade do tempo" três vezes.

Dei uma risada.

– Cala a boca. Eu não tô legal. Me faz esse favor.

Amy colocou a bolsa no chão de novo.

– Ok, mas primeiro preciso te contar uma coisa que eu nunca disse.

Arregalei os olhos.

– Ok.

Ela respirou fundo.

– Uns seis meses atrás eu recebi uma ligação daquela empresa de relações públicas lá de Reno. Eles queriam me contratar.

O comentário dela não me aborreceu.

– Por que você não me contou? Não chega a ser um problema, a não ser que...

Ela me interrompeu:

– Na verdade eu passei por uma entrevista e cogitei aceitar o emprego.

Agora eu estava aborrecido. Ou, talvez, chocado.

Antes que eu pudesse perguntar por quê, Amy explicou:

– Esses seus altos e baixos dão certa preguiça. Fiquei pensando se não seria mais... – ela fez uma pausa, tentando achar a palavra exata – mais calmo e estável em outro lugar.

Recuperando-me do meu espanto, perguntei:

– E aí, o que aconteceu?

– Depois de uma entrevista, me dei conta de que não ia achar lá tão legal e que ia sentir demais a sua falta e a da equipe.

A resposta dela me deixou contente, mas eu não conseguia tirar da cabeça a simples ideia de que ela tivesse cogitado ir embora.

– Pois é... – respirei fundo. – É uma tremenda decisão para tomar.

Ela sorriu e concordou:

– É, acho que é.

Ficamos longos dez segundos parados.

– Vamos conversar – anunciou Amy, e começamos a debater o assunto.

Apesar da minha surpresa com o que Amy acabara de me contar, preciso confessar que as três horas seguintes passaram numa espécie de névoa. Na verdade, minha impressão é de ter desmaiado às 11 e acordado às duas da tarde, porque até hoje tenho dificuldade para me lembrar do que aconteceu exatamente. Tanto Amy quanto Jasper e Lynne, que se juntaram depois a nós, juram até hoje que continuei bem focado.

NÉVOA

Primeiro Amy e eu passamos uma meia hora conversando. Expliquei a ela que muitas vezes eu ia trabalhar feliz e empolgado com o dia pela frente, até que alguma coisa me deixava exasperado.

— Eu sei que o problema não são as pessoas — expliquei. — Vocês todos são incríveis. E geralmente não fico de mau humor pela manhã. Anna pode confirmar que saio para trabalhar numa boa. Mas ao meio-dia já estou reclamando e me sentindo repentinamente exausto.

Amy fez uma careta.

— O ponto é que você não fica só reclamando. — Fez uma pausa. — Você fica bravo.

Essa doeu. Mas eu não podia retrucar.

Nessa hora, Jasper e Lynne entraram na sala. Antes que pudessem perguntar sobre a apresentação daquela manhã, eu quis informações:

— Por que vocês acham que ando tão ranzinza ultimamente?

— Porque você é um escroto — disparou Jasper sem vacilar.

Mesmo desesperado para resolver o problema, não pude deixar de rir. Lynne e Amy tampouco. Jasper era divertido.

— Fora isso — respondi, entrando na brincadeira —, o que me leva de feliz a agitado?

Jasper se sentou à mesa, já mais sério, e deu de ombros.

— Não sei. Você deve ter alguma ideia.

Lynne se juntou à conversa:

– Quando você chega em casa à noite, o que comenta com a Anna?

– Ótima pergunta – respondi, pensando por um instante. – Eu digo a ela que estou cansado.

– Cansado? – perguntou Lynne. – Ou cansado de alguma coisa?

Ela tocou uma ferida.

– Cansado de alguma coisa – concordei, refletindo por mais alguns instantes.

– De quê? – insistiu Lynne.

Subitamente fiquei empolgado.

– Sempre digo a ela que estou cansado de ter que checar tudo o tempo todo para as coisas andarem, e da impressão de que, se não fizer isso, tudo vai ficar parado.

Todos arregalaram os olhos, como quem descobre alguma coisa útil.

– Mas essa é a sua função – disse Jasper.

– É, eu sei. Mas bem que eu queria não ter que fazer isso tanto. Quero ser o cara legal. Não quero ser o que força a barra.

– O que você quer dizer com "o cara legal"? – perguntou Jasper.

– Você sabe. O cara que traz as ideias novas, que avalia as diversas ideias e descobre quais são as melhores.

– Essa não é a função do cara legal – disse Jasper. – Parece uma coisa meio chata.

Fiquei genuinamente surpreso.

– O que pode ser mais divertido que isso?

Jasper pensou por um instante.

– Quando um cliente liga na última hora para resolver um problema e viro o herói dele, isso é legal. E quando me pedem algo impossível e encontro uma solução tão boa que eles me ligam no dia seguinte para dizer que salvei a vida deles.

Fiquei chocado.

– Esse é o meu pesadelo! É por isso que adoro trabalhar com você. Nunca preciso fazer isso. – Foi então que me dei conta de uma coisa. – Você gosta de incentivar as pessoas?

Jasper pareceu confuso com a minha pergunta. Esclareci:

– Para as coisas continuarem andando, e para se certificar de que estão nos trilhos. – Antes que ele pudesse responder, respondi por ele, em um tom um pouco acusador: – Disso você não gosta, não é?

Jasper balançou a cabeça.

– Eu não diria que não gosto. – E logo completou: – Diria que odeio. Prefiro fazer eu mesmo o serviço.

Amy fez coro:

– Eu também.

Lynn levantou a mão, concordando.

– Merda – falei. – Eu sou o único incentivador.

Cavando mais fundo

— Explique um pouco mais – pediu Lynne.
Eu estava ficando animado.
– Não tem mais ninguém aqui que goste de impedir as pessoas de desanimar. De incentivá-las a continuar avançando.
– Acho que o Chris faz isso, às vezes – contestou Amy.
Refleti um pouco.
– É, mas só na parte de administração e finanças – expliquei. – Sou eu que fico fazendo isso em quase todo o resto.
– Mas você faz isso bem – insistiu Lynne. – Gostamos do seu incentivo, seja lá como você chame isso.
– Mas eu não. Isso me exaure. Quando chego para trabalhar, estou pensando em algum novo projeto ou problema para resolver durante o dia e aí...
– E aí eu aviso que estamos cada vez mais atrasados no cronograma do conteúdo digital – Jasper interrompeu.
– É isso! – gritei. – E aí preciso fazer perguntas e animar as pessoas de novo. Minha impressão é que estou deixando todo mundo frustrado. E sei que eu mesmo ando frustrado.
– Mas a gente quase sempre acaba fazendo melhor – defendeu Jasper – e sempre atingimos as metas.
– Mas por que *você* não incentiva o pessoal? – perguntei a Jasper, de um jeito levemente agitado.
– Você está fazendo aquela cara irritada de novo – ele me avisou.

– Desculpe. E obrigado por me avisar. – Respirei fundo e escolhi cautelosamente minhas palavras. – Não falei com intenção de criticar. Só fiquei curioso de saber por que você deixa isso na minha mão.

Jasper franziu a testa.

– Acho que é porque sei que você é melhor nisso do que eu. E, para ser franco, eu achava que você gostava. Faz com tanta facilidade.

– Eu também. – Amy olhou para mim e fez uma careta.

Jasper prosseguiu:

– Acho que sempre achamos você o CEO do incentivo.

Nós rimos.

– Bem, estou virando o CEO de encher o saco, e isso não é bom para mim nem para ninguém.

– Então o que devemos fazer? – perguntou ele.

Foi nessa hora, segundo todos os que estavam na sala, que fui para o quadro branco e comecei a desenhar os círculos.

Incrementada

O tempo voa quando pego uma canetinha de quadro branco.

Pelo que todo mundo me contou, ficamos menos de cinco minutos discutindo minhas oscilações de humor e passamos a falar do processo de trabalho. Analisamos a diferença entre o que acontece no início e no fim de um projeto, e como o trabalho nos atrai em diferentes estágios. E estou falando totalmente sério quando digo que, por algum motivo, não consigo relembrar todos os detalhes daquela conversa. Sei, porém, que foi muito divertida.

Em uma hora e meia, o quadro branco da nossa sala de reunião ficou coberto de palavras, desenhos e flechas. Destacando-se de tudo isso, havia três círculos alinhados na horizontal.

Em cima do primeiro círculo eu tinha escrito a palavra *idealização* e, em cima do terceiro, *implementação*. O círculo do meio foi o que achamos mais fascinante, ou talvez inovador. Em cima dele estava a palavra *ativação*. Demos a isso o nome de "Os três estágios do trabalho".

OS TRÊS ESTÁGIOS DO TRABALHO

IDEALIZAÇÃO ⟶ ATIVAÇÃO ⟶ IMPLEMENTAÇÃO

- Idealização: POTENCIAL, REFLEXÃO, QUESTIONAMENTO, CRIATIVIDADE, IDEIAS ORIGINAIS, INOVAÇÃO
- Ativação: CRÍTICA, AVALIAÇÃO, INTUIÇÃO, ARREBATAR, ESTIMULAR, ENERGIZAR
- Implementação: APOIO, JOGADOR DE EQUIPE, BEM-DISPOSTO, DILIGENTE, FINALIZADOR, TENAZ

Cada círculo foi preenchido com meia dúzia de outras palavras, para descrever o que significava. Acrescentamos e subtraímos palavras a cada vez que checávamos nossas listas e encontrávamos algo melhor. Dividimos os círculos ao meio e trocamos algumas palavras de uma metade para outra. Ficou uma bagunça e precisamos nos distanciar um pouco para avançar. Caímos numa espécie de impasse.

Por isso, fizemos o que sempre fazíamos nessas situações: chamamos mais gente para a sala. No caso, Chris, nosso CFO, e Quinn, a funcionária versátil. Damos a isso o nome de reuniões progressivas, em que é preciso parar e explicar do zero uma nova ideia a novas pessoas. Isso tem duas vantagens.

Primeira, ter que reexplicar a ideia garante que a equipe inicial tenha clareza entre si em relação ao que foi decidido, permitindo inclusive que um substitua o outro em novas apresentações. Segunda, e mais óbvia, representa uma fonte de contribuições novas e frescas.

Assim que Chris e Quinn chegaram, entrei de cabeça. Dessa parte, me lembro nitidamente:

– Ok, eu estava desabafando com a Amy como ando cansado e rabugento, e coisas assim.

Eles assentiram, acostumados com a minha mania de pensar em voz alta diante de outras pessoas.

– Ela me perguntou qual era meu problema e...

– Eu fui bem mais educada que isso – Amy interrompeu.

– Sim – concordei –, e sou grato por isso. Mas basicamente ela queria saber o que anda acontecendo comigo. Eu meio que esperava que ela soubesse.

Nessa hora, fui até o quadro branco e apontei para a metade de baixo do círculo do meio, onde as palavras *estimular*, *arrebatar* e *energizar* estavam escritas.

– Ela não soube responder, mas durante nossa conversa foi isso aqui que veio à nossa cabeça.

– Veio à *sua* cabeça – Amy me corrigiu delicadamente.

– Bom, nós dois estávamos participando da conversa.

Antes que Amy pudesse rebater essa questão, Quinn tomou a palavra:

– O que *arrebatar* significa exatamente?

– Ótima pergunta – respondi. – É uma questão de fazer as pessoas se mexerem. Mantê-las em movimento. Mobilizá-las e fazê-las se comprometerem, "recomprometerem" e "trecomprometerem".

– Não entendi – Chris entrou na conversa. – O que os círculos representam? Preciso de um pouco de contexto aqui.

Ele tinha razão, e provavelmente foi por isso que eu disse:

– Tem razão.

Eu sou assim, esperto.

Por isso, peguei o apagador, mas antes Lynne tirou fotos com o celular, para não perdermos o que tinha sido feito.

Resolvi começar do zero.

A SALADA TODA

Àquela altura, já era quase uma da tarde e ainda não tínhamos almoçado. E como eu queria toda a atenção de Chris e Quinn, sugeri encomendarmos comida e cancelar os outros compromissos da tarde. Depois que todo mundo fez algumas ligações e ajustou suas agendas – confesso que quase os forcei a isso –, mergulhamos de cabeça.

– Pois bem, meu incômodo não é com a empresa nem com vocês, pessoal, nem com meus clientes – expliquei. – É algo muito mais básico.

Fiz uma pausa, não para impressionar, e sim porque queria usar as palavras corretas:

– Tem a ver com tarefas que sugam minha energia e, ao mesmo tempo, me impedem de fazer o trabalho que me dá energia.

Os olhos de Quinn ficaram arregalados. Dava para notar que ela estava interessada. Chris franziu a testa, ainda sem entender. Comecei a falar:

– Acho que existem três estágios no trabalho.

– Espera – interrompeu Chris. – De que tipo de trabalho estamos falando?

Amy se antecipou:

– Tudo, de abrir uma empresa a tocar um projeto, ou... – ela refletiu por um instante – planejar as férias da família.

Eu não tinha pensado na família, mas fazia sentido. Expliquei:

– É uma questão de fazer acontecer. Qualquer coisa.

Chris assentiu, não por ter entendido tudo, mas para nos autorizar a prosseguir.

– O primeiro estágio nós chamamos de idealização. – Desenhei o primeiro círculo.

– Isso é a inovação? – Foi a vez de Quinn falar.

– Com certeza – reconheci. – Gostamos de *idealização* porque acho que todo o nosso trabalho envolve inovação. Mas a ideia inicial precisa aparecer em algum momento. – Eu estava interessado em apresentar o modelo inteiro. – Voltaremos a isso já, já. Deixem-me mostrar os três círculos.

– Ah, foi mal! – Desculpou-se Quinn.

– Não – tranquilizei-a. – Sua curiosidade é ótima. Eu só quero mostrar o todo, para vocês poderem discutir em cima disso daqui a alguns minutos.

Ela fez uma expressão de alívio e prossegui:

– O terceiro círculo – e desenhei-o do lado direito – é a *implementação*. É onde fazemos a coisa acontecer. Deu para entender bem, né?

Todos concordaram, inclusive os dois que não tinham participado da conversa desde o início, e isso me fez entender que eles estavam se comprometendo com o modelo.

– E o segundo círculo, cadê? – perguntou Chris.

– Devagar com o andor – brincou Jasper. – Ele vai chegar lá logo, logo.

Quando Jasper fala, tudo parece mais engraçado. Por isso, caímos na gargalhada.

– O segundo círculo é aquele em que não pensamos muito, e é por isso que ele é tão empolgante aqui. – Desenhei o segundo círculo entre os outros dois. – Estamos dando a ele o nome de *ativação*.

Tanto Quinn quanto Chris franziram um pouco a testa, mostrando curiosidade, e não discordância. Por fim, Lynne se pronunciou:

– Não dá para simplesmente aparecer com ideias novas e começar a implementá-las.

– Por que não? – quis saber Quinn.

– Bem – ressalvou Lynne –, pode ser até que você consiga, mas não funciona direito. E se as suas ideias forem péssimas ou incompletas?

– A função dos implementadores não é justamente consertar isso? – perguntou Quinn.

Lynne fez que não.

– Não. O implementador dá a partida. Ele precisa garantir que tudo que está sendo feito já foi aprovado.

– E por que não deixar isso nas mãos dos idealizadores? – insistiu Quinn.

– Eles não são necessariamente bons nisso – interrompi. – E meu palpite é que o foco deles é bolar ideias novas, e não avaliar se essas ideias vão dar certo.

– E é para isso que existe o círculo do meio? – perguntou Chris. – Eles checam se uma ideia nova é boa?

Hesitei.

– Sim, mas é mais do que isso. Deixem-me explicar o que acontece em cada um desses três estágios.

Quinn fez uma careta.

– Desculpe, pessoal, mas não consigo entender como isso vai explicar o motivo de tanta irritação do Bull.

Para minha felicidade, quem respondeu a ela foi Jasper. Ele estava mais sério do que de costume.

– Você vai entender. Vai explicar muita coisa.

– Ok. Sou toda ouvidos. – A atitude de Quinn mudou na mesma hora.

Isso levou Chris a dizer algo que ninguém esperava:

– Adoro essa merda.

Todo mundo ficou espantado, até eu mesmo. Chris explicou:

– Ficaria o dia inteiro falando disso.

Para meu contentamento, esse comentário inesperado deixou a energia da sala ainda mais forte.

Foi aí que veio uma coisa à mente de Jasper.

– Ei, esse negócio é o *Bullshit*. – Ninguém entendeu. Ele apontou para mim – Bull. – Depois, apontou para o quadro. – Merda. *Shit. Bullshit*.

Se outra pessoa tivesse dito, passaria vergonha. Mas Jasper tinha um jeito de ser que fez todo mundo gargalhar de novo.

Ver todos interessados me deixou muito pilhado.

Hora de refinar

Fiz a conversa avançar:

– Pois bem, aqui, no trabalho, precisamos idealizar, ativar e implementar. Os três círculos têm a mesma importância, mas tudo começa com a idealização, que é a minha parte favorita.

– Espera aí, Bull. – De repente Amy ficou confusa. – Acho que sou boa na idealização, mas não consigo bolar ideias novas do jeito que você faz.

Fiquei contemplando os círculos durante longos segundos. Não sabia o que dizer.

– Tenho a impressão de que você quase sempre participa da idealização. Quero dizer, é com você que eu faço mais brainstormings. Talvez você seja mais inventiva e criativa do que imagina.

Ela franziu a testa.

– Não, com certeza não sou criativa. Nunca fui. – Ficou pensando um pouco mais nisso. – Eu só gosto de ficar com a cabeça nas nuvens junto com você.

Eu estava começando a recear que nosso pequeno modelo estivesse desmoronando quando Lynne tomou a palavra:

– Talvez bolar uma ideia nova não seja o primeiro passo da idealização.

Ela captou nossa atenção e nem precisou esperar que perguntássemos por quê.

– Primeiro alguém precisa identificar o problema... – ela fez uma pausa – ou a oportunidade.

Acho que, se não fosse pela cara intrigada de Amy, eu teria discordado. Mas, depois de refletir por alguns segundos, me dei conta de que ela tinha razão.

– A primeira parte da idealização é questionar, refletir, conjecturar e fazer perguntas.

– Que perguntas? – quis saber Jasper.

– As grandes perguntas, aquelas que é sempre a Amy que faz. "Por que é assim?", "Teria um jeito melhor?", "Isso tem mais potencial?". Essas são as perguntas que vêm antes de qualquer pessoa começar a inventar.

Para minha surpresa, e de todo mundo, Chris foi até o quadro, apagou o primeiro círculo e desenhou outros dois no lugar.

– Não faz mais sentido assim? São duas atividades e talentos diferentes envolvidos aqui.

– Mas ambos são parte da idealização – disse Lynne.

– Só estou dizendo – explicou Chris com seu jeito racional e convincente – que também é possível separar as duas metades, porque elas não são a mesma coisa. Acaba confundindo.

Peguei o apagador do Chris – que deu a impressão de ter ficado um pouquinho só com medo –, apaguei os outros dois círculos e coloquei quatro no lugar. Agora, tínhamos seis: dois para idealização, dois para ativação e dois para implementação.

– Então você está supondo, simplesmente, que são dois para cada categoria? – perguntou Jasper. – Talvez não seja bom chegar a conclusões apressadas.

– Sempre dá para apagar, amigo – dei um sorriso.

Bella, a administradora do escritório, entrou para pegar nossos pedidos de almoço. Fizemos uma pausa.

Uma revolução bagunçada

Quando finalmente terminamos de discutir a diferença entre carne assada e peixe grelhado, retornamos ao quadro branco. Os seis círculos encaravam a gente.

– Ainda não sei por que são seis, nem se são mesmo seis – começou Jasper. – Vamos esquecer as formas e setas e só tentar entender como o trabalho é feito.

Achei boa a sugestão dele, assim como todo mundo. Então Jasper assumiu o comando:

– Vamos pensar em um projeto de algum cliente. Qual era mesmo a empresa aonde vocês foram hoje?

– RenoCorp – respondeu Amy.

– É aquela que cuida das equipes esportivas e do ginásio enorme para lá do aeroporto? – perguntou Chris.

Jasper assentiu e seguiu em frente:

– Ok, como foi que esse projeto começou?

Olhei para Amy.

– Foi ideia sua, não foi?

– Acho que foi. Eu estava só pensando que muitos clientes nossos ficam do lado de lá das montanhas ou do outro lado do país. Um dia desses fui com Dan ao jogo de hóquei dos Jokers e no dia seguinte perguntei ao Bull se os Jokers não poderiam ser nossos clientes.

Ninguém abriu a boca, então ela prosseguiu:

– Antes que eu me desse conta, Bull já tinha criado uma série de anúncios de mentirinha que eles poderiam usar em Tahoe e no aeroporto, e também veio com uma ideia de patrocinar escolas da região. Ele pensou em parcerias com o Hospital St. Luke, principalmente com o setor de ortopedia, que lida com lesões e fisioterapia.

Entrei no assunto:

– Para ser justo, Lynne me ajudou com os anúncios.

– Ajudei, mas, antes de eu entender o que estava acontecendo, você já tinha três esboços e meia dúzia de slogans. Eu disse quais eram bons, quais eram ruins e fiz você mexer um pouco no que me trouxe. Não sei onde isso se encaixa, mas vem depois da idealização.

– O nome disso é bom gosto – afirmou Chris.

– Ou intuição – acrescentei, apontando para o quadro. – Julgamento, instinto e discernimento. E traz feedback para a pessoa que fez a parte criativa. Você me ajudou, como sempre ajuda, evitando ir longe demais com uma ideia ruim ou que ainda não está inteiramente madura.

Lynne pareceu lisonjeada pelo meu comentário, embora não fosse minha intenção. Era apenas a verdade.

Fui até o quadro branco, completei os dois primeiros círculos e escrevi as palavras novas no terceiro. Lynne fez um resumo.

OS TRÊS ESTÁGIOS DO TRABALHO

IDEALIZAÇÃO ⟶ ATIVAÇÃO ⟶ IMPLEMENTAÇÃO

- (QUESTIONAR / PONDERAR / REFLETIR)
- (CRÍTICA / INSTINTO / DISCERNIMENTO)
- ( )

- (CRIAR / INVENTAR / TER NOVAS IDEIAS)
- ( )
- ( )

– A primeira coisa, então, é questionar, ponderar ou refletir. A segunda é criar ou inventar uma solução ou ter uma ideia nova. A terceira é – ela fez uma pausa, tentando resumir a discussão que tinha acabado de acontecer – avaliar se é uma boa ideia.

– Gosto da palavra *discernimento* – propôs Amy. – É mais uma questão de ter sensatez e um sentimento profundo do que de ser inteligente.

– Está dizendo que eu não sou inteligente?– provocou Lynne.

– Foi o que me disseram – brincou Jasper, com a cara de pau de sempre.

Quinn olhava fixamente o quadro e pareceu nem ter ouvido a piada.

– Pessoal, preciso contar uma coisa para vocês. – Ela fez uma pausa até as gargalhadas diminuírem. – Para mim, isso faz sentido. E explica muita coisa.

– Conta para mim de novo como isso explica por que o Bull fica irritado o tempo todo – pediu Lynne.

– Ei – reclamei. – Eu não fico irritado *o tempo todo*.

– Não foi isso que eu quis dizer. Eu deveria ter dito...

– Eu sei. Estou só brincando – interrompi-a. – É aí, então, que entra aquele negócio de arrebatar? – Quinn prosseguiu.

– Acho que sim. – Amy respondeu. – Na hora em que a gente sente que uma ideia, proposta ou um plano é bom, precisamos fazer as pessoas se empolgarem com ele.

Foi nesse momento que uma luzinha acendeu na minha cabeça.

Gatilho do mau humor

— Acabei de me dar conta de uma coisa. O fato de você ser bom em determinada tarefa ou atividade não quer dizer que gosta de realizá-la o tempo todo. Posso ser bom em arrebatar e incentivar as pessoas, mas não gostar disso. Depois de um tempo, quando tenho que fazer isso muitas vezes, fico desmotivado.
— Mas e se você for o melhor que temos para essa tarefa? – perguntou Jasper. – E, além disso, quem consegue passar todo o tempo só fazendo aquilo que gosta?
— Bem... – Pensei a respeito. – Não me entenda mal. Todo mundo precisa fazer coisas no trabalho das quais não gosta. De tempos em tempos todo mundo tem que engolir sapo.
Todos pareciam aliviados por eu não promover algum tipo de idealismo utópico.
— Porém, se minha experiência serve como exemplo – prossegui –, quando você tem que fazer certas coisas de que não gosta com frequência, provavelmente acaba ficando um pouco chato. Ou um pouco grosso.
— Então quer dizer que estamos ferrados – declarou Jasper.
— Bem ferrados – provoquei de volta.
Agora Quinn estava com a testa franzida.
— Talvez não precisemos de alguém que nos incentive o tempo todo.
Amy também franziu a testa, pensando, e por fim balançou a cabeça.

– Discordo. Se Bull não animar a gente, não realizamos nem metade do serviço. Precisamos de estímulo.

– Viu só? Ferrados – repetiu Jasper.

– Talvez o jeito seja a gente se acostumar com a rabugice do Bull – propôs Quinn, sem entusiasmo.

– Não, isso não funciona – Amy protestou. – Tirando que, se é injusto com ele e incômodo para nós, perderemos aquilo que precisamos tanto que ele faça e as coisas que o deixam feliz.

– Conta pra gente de novo o que você gosta de fazer – Jasper me pediu, em outro raro momento de seriedade.

Caminhei até o quadro branco.

– Gosto de inventar e de avaliar. – Apontei para o segundo e o terceiro círculos.

Jasper contemplou o quadro.

– Invenção faz sentido. Gosto dessa palavra. E acho que Amy tem razão. Deveríamos chamar a outra coisa de *discernimento*. É aí que está o talento de vocês.

– Talento? – Lynne perguntou. – Como assim?

– Vocês sabem. – Jasper parecia surpreso com a pergunta. – Seu talento. As coisas em que vocês são imbatíveis. Bull é um inventor e discernidor genial.

Chris e Quinn assentiram. Jasper foi em frente:

– Mas ele não é um talento em incentivar, e é por isso que estamos ferrados.

– Não entregue os pontos ainda – criticou Amy, em tom de brincadeira. – A gente pode achar um jeito.

Cobranças

Tentei dar à situação uma aparência um pouco menos desesperadora.

– Então eu fico rabugento quando preciso fazer as pessoas recuperarem o foco o tempo todo. Não é um problema insuperável.

– Mas não é essa a sua função como CEO?– questionou Quinn.

– Ei, foi o que *eu* disse – gabou-se Jasper.

Lynne esclareceu:

– Bem, é a função de Bull garantir que nossas metas sejam claras e que estejamos motivados para atingi-las. Mas o fato é que o restante de nós não gosta de incentivar, então simplesmente o deixamos sozinho para fazer isso.

De repente Chris fez cara de surpresa. Virou-se para mim e perguntou:

– E incomoda tanto você ter que fazer isso, Bull?

Assenti lenta e sinceramente.

– Muito. Fico esgotado.

O grupo estava assimilando tudo, então fui em frente:

– Como eu estava dizendo à Amy, saio para trabalhar empolgado para bolar ideias criativas e gosto de usar meu discernimento para avaliar as ideias dos outros. Aí, quando passo pela porta, tenho a sensação de que preciso ficar empurrando uma bola imaginária morro acima para manter as pessoas focadas. Até umas horas atrás, não tinha me dado conta disso, mas está acabando com a minha paixão pelo trabalho. E não é de agora. Está assim há anos. Agora entendo por que tive tantas vezes a Depressão do Domingo no início da minha carreira.

A essa altura eu tive que explicar a Lynne o que era a Depressão do Domingo.

Foi aí que Chris começou a rir, do nada. Viramos para ele com enorme curiosidade. Com um misto de empolgação e frustração, ele declarou:

– Pois é, caramba, eu *gosto* de fazer isso! – Fez uma pausa e olhou de novo para o quadro branco. – É minha parte favorita do serviço, e eu gostaria que vocês me deixassem fazer mais.

Todos ficaram em silêncio, mas um silêncio de expectativa.

– Fale mais sobre isso – pedi a ele.

– Então, eu sempre tive a impressão de que só posso ficar no meu quadradinho, cuidando da parte administrativa e financeira. Não quero pisar no calo de ninguém e atrapalhar as agendas e o trabalho com os clientes, por isso fico na minha.

– É mesmo?– reagiu Lynne.

– É mesmo o quê?– retrucou Chris. – Se eu gosto de incentivar as pessoas ou se eu tenho medo de pisar fora do meu quadradinho?

Lynne sorriu, um pouco insegura da resposta a dar.

– Você tem a impressão de que a gente não quer você fazendo parte do serviço?

Chris vacilou por um instante e então assentiu:

– Isso.

– E você gostaria de se envolver mais? – ela prosseguiu.

Chris concordou:

– Ô se quero.

– Ora essa, aleluia!– exclamei. – Acabo de ganhar um CEO do incentivo!

Detalhes

Chris não pôde deixar de sorrir, mas de repente pareceu um pouco hesitante.

– Opa, espere um minuto. Onde é que eu fui me meter?

– Em tudo! – anunciei.

Até Jasper teve que rir.

– Você vai se envolver em praticamente tudo que fazemos – prossegui –, mas principalmente no que tem a ver com mobilizar a tropa e garantir que não estamos perdendo o fôlego.

– E quanto tempo isso vai demandar de mim? – ele quis saber.

– O tempo que for necessário – garanti. – Mas não é tanto quanto você imagina. E tem mais uma coisa. – Fiz uma pausa para causar efeito. – Vai ser tão divertido que você nem vai ter que se preocupar.

Foi a vez de Amy ficar confusa.

– Não entendi direito o que isso significa.

– Nem eu – respondi alegremente. – Mas tudo bem. Chris vai simplesmente ter permissão... – Hesitei. – Não. Ele vai ter a *responsabilidade* de nos avaliar e nos manter nos trilhos.

Amy franziu a testa e dirigiu a mim a pergunta seguinte:

– E você não vai fazer nada dessa parte?

– Vou fazer *um pouco*. Quer dizer, tenho que ser o CEO do incentivo do Chris. E, se ele vir que alguém está desestimulado ou menos ativo, preciso me dispor a me envolver e ajudá-lo. Mas lembre-se, ele *gosta* de incentivar, arrebatar as pessoas, fazer as coisas andarem, e agora vai poder fazer isso bem mais.

Essa frase fez efeito e de repente Chris ficou sorridente.

– Quando eu começo?

Havia uma sensação palpável de alívio na sala. Jasper ficou em pé e jogou as mãos para o céu.

– Não estamos totalmente ferrados!

Todo mundo riu de novo.

– Neste exato instante – eu disse, olhando para o Chris –, declaro você o novo CEO do incentivo.

– Posso ser o CEO arrebatador em vez disso? Senão eu fico me sentindo o CEO da empresa.

– De qualquer maneira, arrebatador é melhor – confirmou Lynne.

– Pois seja arrebatador – concordei, e decidimos fazer um intervalo.

Ordem

Quando retomamos, Chris estava de pé diante do quadro branco. Tinha apagado tudo e redesenhado os círculos de forma mais limpa.

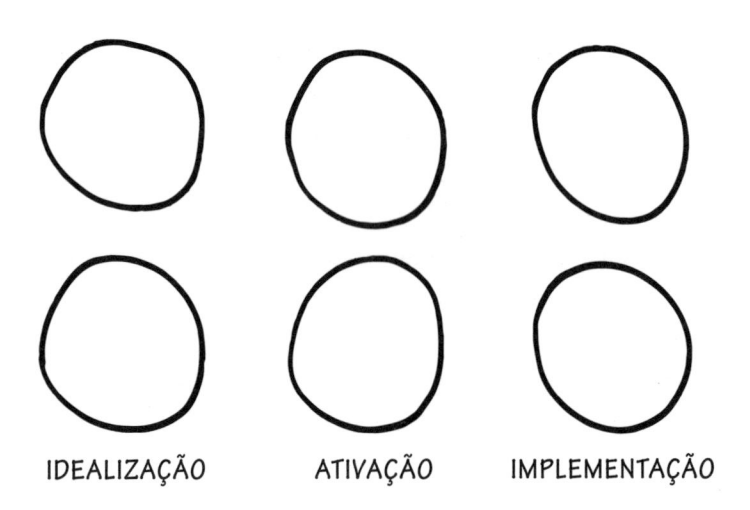

IDEALIZAÇÃO   ATIVAÇÃO   IMPLEMENTAÇÃO

– Taí, é disso que eu estava falando – afirmei ao ver o quadro. – Que ótimo que você pegou a canetinha e assumiu o comando.

– Pois é – respondeu Chris. – Se eu não fizer vocês se mexerem, vamos ficar aqui até depois do jantar.

Bem nessa hora, Jasper entrou na sala com duas sacolas de comida mexicana. Chris fez uma careta.

– Ah, não! Lá se vai nossa produtividade.

– Não – discordei. – Eu vou servir todo mundo. E você, nos mantenha em movimento.

Dois minutos depois, todos estavam sentados à mesa e Chris mediava a conversa. Eu servia os pratos de cada um.

– Pois bem, quantos talentos, de todos esses, uma pessoa tem? – perguntou Amy, olhando para mim enquanto eu desembrulhava burritos e tortillas.

Dei de ombros.

– Bem, ainda estamos descobrindo onde tudo isso vai dar, então é difícil dizer. – Olhei o quadro branco, tentando bolar alguma ideia.

Quinn assumiu a palavra:

– Se for uma questão daquilo que se gosta de fazer e daquilo que o deixa animado, não consigo imaginar mais do que duas coisas. Se for uma questão de ficar bom em alguma coisa, mesmo sem gostar de fazer, eu diria que varia. Tem gente capaz de dar conta de quase tudo.

– Por que não completamos o modelo antes de tentar descobrir? – reclamou Jasper. – Porque, de acordo com este aqui, acho que não tenho nenhum dos talentos.

Concordei que era melhor continuar trabalhando no modelo.

– Lembrem-se, estamos saltando sem rede de proteção aqui, pessoal. Não temos nem...

– Que analogia é essa? – Jasper interrompeu. – Que raio tem a ver a rede com saltar?

Joguei uma bolinha de papel-alumínio nele.

– Você sabe o que eu quero dizer.

Chris tomou a palavra:

– Então, Amy é boa em refletir.

– Não é meu único talento – ela se manifestou.

– Exatamente – admitiu Chris. – Mas pelo menos é um deles. E Bull é bom em invenção e discernimento.

– Discernimento é uma das minhas genialidades também – declarou Lynne. – Meu marido diz que eu tenho ótima intuição e instinto.

Concordamos imediatamente com a avaliação do marido de Lynne.

Chris escreveu o nome de cada um perto dos círculos no quadro e anunciou:

– Aparentemente, sou o único que gosta de arrebatar e cobrar das pessoas.

– O que vem depois? – perguntou Amy.

– Por que tem que ter algo mais? – perguntou Quinn.

– Porque o trabalho não termina com o incentivo – expliquei. – E o coitado do Jasper ainda não tem nenhum talento genial.

– E aí, o que acontece depois que alguém incentiva? – perguntou Amy.

Depois de uma breve pausa, Lynne respondeu:

– É a implementação. Alguém precisa reagir àquilo que o incentivador apontou.

– Tipo um voluntário? – perguntei.

Quinn fez uma careta.

– Parece tão – ela procurava a palavra – fraco. Quer dizer, ser voluntário não é um talento, é?

– Acho que é – foi a vez de Chris falar. – Quero dizer, não é bem se voluntariar, e sim ser a primeira pessoa a parar o que está fazendo para fazer uma coisa nova decolar. Alguns dos melhores colaboradores que já chefiei eram ótimos em socorrer quando acontecia uma emergência. Mesmo sem emergência, quando alguém precisava de ajuda com algum programa ou projeto importante, essas mesmas pessoas sempre se apresentavam para viabilizar a tarefa.

– Eu sou desse tipo – anunciou Jasper na lata. – Esse sou eu.

Quase na mesma hora, Quinn, Lynne e Amy disseram "Com certeza", "Totalmente" ou "É o Jasper inteirinho". Fiz eco:

– Por mais que você seja um pé no saco, Jasper, sempre está pronto para ajudar e fazer o que é necessário sem ficar contando vantagem.

– Custo baixo de manutenção – anunciou ele, orgulhoso.

Novamente, fez-se um coro de "Com certeza" e "Sem dúvida" e outras frases do gênero. Começaram a apontar para Quinn.

– Você também é dessas – disse alguém.

Todos concordamos, deixando Quinn ao mesmo tempo constrangida e orgulhosa.

– Mas que nome vamos dar a isso? – perguntou Amy. – O talento de se voluntariar? Ou de apoiar a ideia?

– Assim fica parecendo minha mãe – reclamou Quinn. – Não que eu não goste da minha mãe. Mas ser voluntária ou apoiadora não parece assim tão importante ou especial.

Chris ficou quase na defensiva.

– Discordo totalmente.

De repente todo mundo ficou em silêncio e Chris virou o centro das atenções. O CFO e recém-nomeado CEO arrebatador explicou:

– Odeio reconhecer, mas sou absolutamente péssimo nisso. Não fossem as pessoas na minha vida, tanto profissional como pessoal, que me ajudaram e deram apoio, eu não conseguiria fazer nada. São pessoas que salvaram minha vida.

– Talvez pudessem me chamar de salva-vidas – propôs Jasper com sarcasmo. – Gosto do nome.

Resolvi falar de novo:

– Acho que Jasper e Quinn, e pessoas como eles, facilitam o sucesso dos outros. *Esse* é o talento deles. – Virei-me para Amy. – Você se lembra da Rhonda, da agência Broadmoor?

– Sim! – Amy concordou entusiasticamente. – Todo mundo queria ter a Rhonda na equipe, porque ela garantia o sucesso de todos.

– E ela nunca queria aparecer – acrescentei. – Ela facilitava o trabalho de todos à volta dela.

– Ela era o quê, assistente administrativa? – perguntou Jasper.

– Não, era gerente de contas, igualzinho à Amy e a mim. E embora não fosse a melhor para bolar novas estratégias ou ideias, eu lhe pagava um salário maior só por ela ser a arma secreta de nossas equipes.

Quinn se queixou de novo:

– Mas esse termo, *facilitador*, parece meio vago, até ruim.

Alguns concordaram.

– Mas e daí? – afirmou Chris, confiante. – Tirando isso, no fundo é essa a questão mesmo. Não se trata de apoiar, ajudar ou ser legal. É uma questão de facilitar para as coisas decolarem. Quem me dera eu fosse um facilitador.

– É mesmo? – perguntou Quinn.

– É, sim – insistiu ele, veemente. – Minha mulher também é assim. – Ele não disse isso brincando, mas todos caímos na gargalhada.

Ele foi adiante:

– Não acho fácil dar às pessoas aquilo de que elas precisam, do jeito que elas querem. É uma tremenda luta na hora de participar da igreja ou da escola dos meus filhos. Sou um péssimo facilitador, e isso faz com que eu me sinta um idiota!

Subitamente, Quinn sorriu.

– Ai, caramba. Eu sou totalmente facilitadora. Sou a melhor voluntária, a melhor integrante de comitês...

– E jogadora de equipe – interrompi.

– Senhoras e senhores, temos uma ganhadora. – Chris virou-se para o quadro e escreveu os nomes de Quinn e Jasper ao lado de um círculo rotulado com a palavra *facilitação*.

– E Jasper finalmente tem seu talento! – anunciou Lynne.

– Eu não sou um perdedor, no fim das contas! – comemorou ele.

– Isso nos leva ao fim do nosso modelinho? – perguntou Chris.

Todos fizeram uma pausa, olhando para o quadro branco e uns para os outros. Depois de longos sete segundos, acendeu uma luzinha em mim.

– Acho que já sei.

– Vamos ouvi-lo – disse alguém. Acho que era Lynne.

– Facilitadores não são finalizadores – afirmei, de modo um tanto polêmico.

– O que você quer dizer? – quis saber Jasper. Ele parecia ligeiramente incomodado. Ou talvez ofendido.

– O fato de você ser facilitador – expliquei cautelosamente – não significa que goste de completar o serviço, de levá-lo até a linha de chegada.

– Isso tem mais cara de arrebatar – disse Quinn.

– Não – esclareci. – Arrebatar é inspirar e motivar os outros... a organização, os colegas... a juntar forças em torno de alguma coisa e continuar em movimento. Isso aqui é outra conversa. – Vacilei, em busca da palavra certa para explicar o que eu estava pensando. – Tem gente que não gosta de incentivar as pessoas, mas vive pela chance de completar projetos e vê-los prontos e acabados. Chegam a ficar desmotivados quando não têm a oportunidade de acompanhar até o fim, mesmo diante de obstáculos. O talento deles é completar o serviço e manter um padrão elevado.

Jasper se empertigou na cadeira.

– Acho que você está enganado. Adoro finalizar as coisas. – Novamente havia um toque sutil, mas inconfundível, de defensiva em seu tom.

Repentinamente a sala ficou em silêncio. Até Quinn falar:

– Odeio completar as coisas. – Se a sala não estivesse tão silenciosa, talvez não tivéssemos escutado. Porém, considerando o constrangimento da situação, ela bem que poderia ter gritado.

– Como assim? – perguntou Jasper, um tanto incomodado.

– Adoro ajudar as pessoas, facilitando o sucesso delas. Meu talento com certeza é esse. – Ela fez uma pausa. – Mas fico desmotivada na fase dos 10% finais de um projeto. A não ser que as pessoas estejam em verdadeira dificuldade, prefiro cuidar de outra coisa. Caramba, tem vezes que eu nem fico sabendo se aquilo em que estava trabalhando decolou.

Jasper a encarou com ar sério.

– Você é estranha, minha cara.

Claramente era mais uma tentativa de Jasper de fazer humor sarcástico, e, como sempre, deu certo. Rolamos de rir. Jasper continuou:

– Mas você não gosta de ver a coisa chegar ao fim?

Ela deu um sorriso amarelo, balançando lentamente a cabeça.

– Eu sei que sou uma facilitadora, e, mesmo não tendo dito antes, acho que sou uma discernidora também. Só que guardo para mim as minhas opiniões. Não sou tão insistente a ponto de agarrar o touro pelos chifres.

Jasper ficou só balançando a cabeça, fingindo desagrado com Quinn, que jogou nele um pedacinho de burrito. Chris voltou a falar, dessa vez dirigindo-se a Jasper:

– Então você tem o talento facilitador e o finalizador. – E escreveu o nome de Jasper ao lado do círculo.

– É mais que finalização – afirmou Lynne. – Como disse Quinn, é uma questão de pegar o touro pelos chifres quando a coisa está bagunçada. É estimular... o trabalho e não as pessoas... até a meta ser atingida. Tem que existir uma palavra melhor.

– É tenacidade – declarou Quinn. – Jasper é tenaz. O Chris também.

Chris assentiu:

– Eu não queria dizer nada, mas também acho que esse seja um dos meus talentos. Um ex-chefe meu dizia que eu era tenaz.

Minha mulher também diz, embora nem sempre seja em tom de elogio.

– É, com certeza você é tenaz, Chris. – Foi Lynne quem disse isso. – Você não abandona uma missão enquanto ela não estiver bem-feita. É uma das coisas que gosto em você.

Ela fez uma pausa e Chris sorriu e balançou a cabeça para reconhecer o elogio. Mas ela continuou:

– E é uma das coisas que me enlouquecem. Você e aqueles relatórios de despesas idiotas.

Todos riram, inclusive Chris.

Hora da explicação

Chris largou a canetinha e foi para a mesa dar uma mordida no burrito dele.

– Acho que Chris merece uma pausa de cinco minutos para comer um pouquinho – anunciou Amy.

Nessa hora, alguém bateu na porta.

Antes que pudéssemos dizer "Entre", a porta se abriu e Anna entrou com um enorme pote de plástico que, todos nós sabíamos, estava repleto de cookies de aveia com gotas de chocolate.

A sala irrompeu em uma comemoração animada, em grande parte por causa do nosso carinho por Anna. Mas a alegria também tinha a ver com a fama dos cookies que ela faz.

– Pensei em passar para trazer um pouquinho de doce – disse ela, colocando o pote na mesa. Depois de alguns abraços, tchauzinhos e piadinhas com a equipe, ela fez a pergunta de um milhão de dólares: – Gente, o que vocês estão fazendo? – Ela contemplava o quadro branco.

Todos se entreolharam como quem diz: "Fala você!", e começaram a rir. Amy foi a primeira a falar:

– Por onde você quer que a gente comece?

Anna ergueu a mão.

– Ai, gente, eu não queria interromper ou atrapalhar vocês. Só fiquei curiosa.

Jasper interrompeu:

– Você não está nos atrapalhando. É só que é difícil explicar. Nós mesmos estamos tentando entender.

Anna concordou, ainda olhando para o quadro.

– Porém – prosseguiu Jasper – acho que entendemos por que seu marido é tão mala!

Anna virou-se de supetão para Jasper e o resto da equipe e sentou-se à mesa.

– Bem, nesse caso sou toda ouvidos. Adoraria interromper.

– Isso não é justo – protestei, em tom de brincadeira.

– Tem razão – revidou Anna. – Não é justo que eu não estivesse aqui para ouvir a conversa toda.

Todos concordaram com ela.

– Ok – anunciei. – Vamos pedir a alguém, sem ser eu, que dê a Anna um resumo disso tudo. Ela merece. Afinal de contas, ela trouxe os cookies.

Anna estudou psicologia e teologia na faculdade, e o que estávamos fazendo ali tinha tudo a ver com a formação dela. Eu tinha certeza de que ela apreciaria o restante da conversa, acrescentando algo que tivéssemos deixado passar.

Chris foi quem fez a pergunta:

– Quem é voluntário para fazer a apresentação? Eu preciso comer.

Jasper levantou a mão.

– Já que sou um bom facilitador, acho que serei eu.

Lynne levantou-se.

– Vou ajudar.

E foram juntos para o quadro branco.

Reapresentação

— Antes de vocês começarem, posso fazer uma pergunta? – indagou Anna.
– Até duas, se quiser – respondeu Jasper, com seu humor de sempre.
– O objetivo desta reunião é só descobrir por que o Bull anda tão chato ultimamente? Gente, está tão ruim assim para vocês?
Jasper franziu a testa de um jeito tristonho.
– Está horrível, Anna. Simplesmente horroroso.
Todos gargalharam. Amy explicou:
– Bull tem sido legal. Mas ele e eu estávamos tentando descobrir por que ele se estressa tão rapidamente, e foi daí que saiu tudo isso. Mas é bem mais do que isso.
Anna parecia aliviada. Mas Jasper não tinha terminado:
– Mas provavelmente você sabe, Anna. – Ele fez uma pausa. – Em grande parte, é por sua causa.
Por um nanossegundo, Anna pareceu se preocupar.
– Para com isso, Jasper. Que maldade! – gritou Quinn para o colega ao mesmo tempo que tentava, sem êxito, disfarçar o riso. Ela virou-se para Anna. – Não tem nada a ver com você.
Anna jogou um cookie em Jasper, que o pegou e colocou na boca. Lynne então assumiu o comando:
– Basicamente, o que descobrimos aqui é que existem seis tipos diferentes de trabalho que as pessoas precisam realizar para as coisas acontecerem. – Ela apontou para os seis círculos

no quadro branco. – E ninguém é ótimo em todos eles, ou seja, a maioria das pessoas é bem ruim em alguns.

Anna acompanhava com atenção.

– E por que, exatamente, o Bull fica tão mala?

– Ei – protestei de novo. – Eu não sou mala. Só tenho um temperamento difícil.

– Desculpe, querido. – Anna riu.

Lynne seguiu em frente:

– Bem, tudo isso vai fazer sentido em alguns minutos. Basicamente, ele tem passado boa parte do tempo fazendo algo que não gosta de fazer, mas que nenhum de nós quer fazer.

– Ok, vou ser paciente. Siga em frente.

Jasper não tinha ainda terminado seu cookie, mas retomou a palavra com a boca cheia:

– O primeiro tipo de trabalho é chamado de *Reflexão*, que é totalmente questão de pensar, ponderar e analisar as coisas. E fazer perguntas.

– Que tipo de pergunta? – indagou Anna.

Jasper engoliu.

– Coisas como: "Haveria um jeito melhor de fazer alguma coisa?" ou "Será que tem alguma coisa errada aqui?" ou "Estamos usando plenamente nosso potencial?".

– Essa sou eu – anunciou Anna.

– É um dos meus talentos também – comentou Amy.

– Talentos? – questionou Anna em voz alta.

– Isso – expliquei. – Foi o Jasper que bolou essa. Todos nós temos diferentes áreas de talento.

– Ah, gostei disso – afirmou Anna. – Continuem. Vou tentar não interromper.

Gostei de ver Anna interagir com meus colegas. Por isso, caminhei até ela, ajoelhei-me e disse quanto ela significava para mim. Então dei um beijo nela.

Não, não fiz nada disso. Mas pensei em como eu era feliz por tê-la como esposa.

– A pessoa com o Talento da Reflexão faz a pergunta ou identifica a grande questão, o que nos leva ao segundo Talento Profissional: a *Invenção* – prosseguiu Jasper.

– Esse deve ser um talento do Bull – afirmou Anna.

– Bingo! – concordou Jasper. – Bolar alguma coisa nova ou inédita. Uma ideia, um produto ou uma empresa. Quem tem o Talento da Invenção é capaz de fazer isso o dia inteiro.

Anna olhou para mim.

– É muito a sua cara.

– É uma das minhas coisas favoritas, mesmo quando não é necessária – concordei.

– Acho que é isso que é ser genial. – Ela deu uma risada.

– Exatamente – afirmou Jasper. – Dá energia. Não tem como evitar.

– Ok, siga em frente – incentivou Anna, animada.

Lynne deu continuidade:

– O próximo, depois da Invenção, é o que decidimos chamar de *Discernimento*. É o talento de quem tem instinto forte, intuição e capacidade de julgamento. Pessoas com um feeling excelente para saber quais ideias ou planos são os melhores, os que precisam de retrabalho e os que provavelmente não são tão bons.

– Isso quer dizer que eles são experts? – perguntou Anna.

Entrei na conversa:

– Não, é outra coisa. Essas pessoas são as que têm um bom julgamento, mesmo em relação àquilo que não conhecem muito bem. Não pensam necessariamente de forma linear nem usam dados específicos. Simplesmente enxergam padrões ou...

– Saquei – Anna me interrompeu. Ela correu os olhos pela sala e deteve-se em Lynne. – Você tem o Talento do Discernimento, não tem?

Lynne arregalou os olhos.

– Uau! Você é boa.

– Infelizmente, Anna não tem Discernimento – afirmou Jasper, com jeito sério.

– Por que você está dizendo isso? – perguntei a ele, levemente na defensiva.

– Bem, ela se casou com você – emendou Jasper. – Mas você tem Discernimento, Bull, porque se casou com ela.

Anna jogou outro cookie em Jasper, que o abocanhou.

– Ok, o que vem depois? – perguntou ela.

Ainda com a boca cheia de cookie, Jasper conseguiu falar:

– Em seguida, vamos descobrir por que seu marido tem sido um pé no saco.

Na velocidade da luz

Anna olhou o relógio.

– Dá para falar em dez minutos? Preciso pegar o Matthew para uma consulta no médico.

– Vamos lá – Jasper começou. – O próximo talento se chama *Arrebatar* e é uma questão de conclamar a tropa, animar as pessoas, incentivá-las a seguir em frente.

Anna me olhou como se estivesse tentando ler a minha mente.

– Você é bom nisso – disse, hesitante. – Não é?

Assenti.

– Se você quer dizer se eu consigo fazer, a resposta é sim. Se você quer dizer que gosto de fazer isso o tempo todo, a resposta é não.

– Mas você é aquele cara que está sempre lembrando a gente de se arrumar para ir à igreja, ou fazer as tarefas domésticas, ou terminar o dever de casa.

Concordei.

– E estou supercansado de ter que fazer isso. Nunca gostei, mas fui me acostumando com o passar dos anos. Minha impressão é que preciso bancar o chato o tempo todo, tentando fazer as pessoas se mexerem.

Os olhos de Anna ficaram arregalados como se ela tivesse acabado de ver algo pavoroso.

– Meu. Deus. Do. Céu.

Todos ficaram perplexos com aquela mudança repentina de atitude.

– O que foi? – perguntei a ela.

Anna explicou sua epifania:

– É por isso que você odeia sair de férias com os Derbys. E as manhãs de domingo. E os escoteiros.

Fiquei muito contente de ver que ela parecia estar entendendo.

– Quem são esses Derbys? – quis saber Chris.

– São velhos amigos da família que viajam com a gente quase todo ano. Já rodamos o país com eles. São maravilhosos. – respondi.

– Mas nenhum deles gosta de incentivar as pessoas a fazer nada. E, como eu também não gosto, é sempre Bull que precisa dizer: "Vamos fazer trilha, ou ver as baleias ou jogar golfe", e as pessoas vão se aborrecendo com ele porque ninguém chega a um acordo sobre o que fazer – Anna explicou.

– Se fosse só esse o problema – acrescentei. – Antes mesmo de sairmos de férias, Anna e Pam – a senhora Derby – sempre têm alguma ideia de jerico e eu tenho que contornar a situação.

Anna parecia confusa. Ficou olhando para o quadro branco.

– O que isso tem a ver com essas coisas aqui?

– É uma questão de Discernimento. Sou eu, em geral, quem diz: "Peraí. Isso não vai dar certo."

Anna não estava muito convencida, então eu insisti:

– Lembra quando você sugeriu fazermos trilha no Grand Canyon?

Anna sorriu, meio envergonhada, e balançou a cabeça.

– Ô se lembro.

– Qual o problema de fazer trilha no Grand Canyon? – indagou Jasper em voz alta.

– Nossos filhos tinham 5 e 3 anos na época – expliquei. – O dos Derbys tinha 9 meses.

– Pam e eu sugerimos levar babás. Graças a Deus você nos convenceu a não fazer aquilo – Anna riu.

Chris nos levou de volta ao assunto:

– Mas o que o deixa louco é ter que Arrebatar o tempo todo. E é por isso que ele fica tão chato.

– Isso explica o que aconteceu na SFA e na Broadmoor? – Agora Anna estava olhando para mim.

– Totalmente – assenti. – Quando fui promovido, parei de fazer o que gostava e precisava incentivar as pessoas o tempo todo. Eu me sentia culpado. Sofria, o que me fazia sentir ainda mais culpa. No fim das contas, eu simplesmente perdia a paciência.

– E é o que tem acontecido aqui – explicou Amy.

De repente, Anna pareceu preocupada e com pena de mim.

– O que você vai fazer então?

Chris levantou a mão.

– Vou começar a Arrebatar mais, para que Bull foque a maior parte do tempo dele em Invenção e Discernimento.

Anna franziu a testa para mim.

– Mas você ainda vai ter que fazer um pouco disso, suponho. Quer dizer, todo mundo às vezes tem que fazer alguma coisa de que não gosta.

– Sim, isso nós já definimos – concordei. – E não me importo mesmo de fazer isso de vez em quando. O problema é quando sou sugado o tempo todo nessa direção e acabo tendo cada vez menos tempo e energia para fazer aquilo em que sou bom de verdade.

– Isso é muito interessante – afirmou Anna. – E o que vem depois?

Quinn tomou a palavra:

– Bem, quando uma pessoa arrebata, outra tem que atender o chamado. – Ela olhou para o quadro. – Demos a isso o nome de Talento da *Facilitação*.

– Jasper tem esse talento – explicou Lynne, provocando logo em seguida. – Mas é preciso aguentar todo o sarcasmo dele, e isso meio que estraga tudo.

– Ele não é tão malvado assim. – Anna gostava de Jasper.

– Sou, sim – esclareceu Jasper. – Mas faço qualquer coisa que as pessoas precisem que eu faça.

Virei-me para Anna.

– Esse talento certamente é um dos seus.

– Você acha? – Ela estava genuinamente em dúvida.

– Está brincando? Toda vez que você passa perto da escola ou da igreja, acaba voltando para casa com uma nova missão.

– Tem razão – ela concordou. – Não consigo evitar. Gosto de ajudar quem precisa.

– E em casa você também sempre sabe quando alguém está precisando de ajuda. É o seu talento.

Ela concordou.

– Bem que eu gostaria de saber como arrebatar os outros para me ajudarem mais. Em geral, na última hora acabo tendo que fazer coisas demais sozinha.

– Eu também – exclamou Quinn. – Sempre reclamei que ninguém me ajuda. Mas devo reconhecer que não gosto de pedir ajuda.

Anna olhou para mim e deu uma risada.

– É o que o Bull sempre diz de mim.

Chris entrou na conversa:

– Ok, você precisa sair em cinco minutos e ainda temos um talento para apresentar.

– Está bem, manda ver.

Jasper virou-se para o quadro.

– O último talento, que vem da Facilitação, é o que chamamos de *Tenacidade*. É o talento daquelas pessoas que adoram ir até o fim. Elas se sentem energizadas, alegres e realizadas quando levam as coisas até a linha de chegada, mesmo tendo que enfrentar obstáculos no caminho.

– É parecido com o arrebatador – comentou Anna.

– Não é a mesma coisa – explicou Jasper. – A tenacidade tem a ver com a tarefa em si, enquanto arrebatar é uma questão de congregar as pessoas. A tenacidade é mais acompanhar de perto o trabalho até ele estar terminado, no prazo e dentro do padrão.

Anna olhou para mim e riu.

– Com certeza essa não sou eu.

– Nem eu – acrescentei.

Ela deu uma risada.

– É por isso que nenhum de nós dois gosta de lavar roupa, pagar as contas ou cortar a grama. – Ela fez uma pausa. – Que coisa boa a gente ter quatro crianças que ajudam em casa.

– Qual deles paga as contas? – perguntou Chris.

– Eu ia perguntar se você gostaria de trabalhar meio período lá em casa, Chris – Anna sorriu.

– Se você me pagar em cookies, posso pensar no caso. – Ele riu.

Anna checou a hora e olhou de novo para mim.

– Então, quais são mesmo os meus talentos? – Em seguida, olhou de volta para o quadro. – Quantos uma pessoa pode ter?

– Não sei – respondi. – É tudo novidade. Mas acho que tenho dois.

– Eu também – Jasper deu sua contribuição.

Os demais analisaram o quadro e concordaram.

– Bem que eu queria não ter que ir. Está muito legal – disse Anna. – Sinto falta de conversas de adulto.

Como sempre, todos garantiram que ela era bem-vinda para retornar em breve.

Enquanto saía, Anna parou e virou-se. Olhando de novo para o quadro branco, sugeriu:

– Acho que vocês deviam redesenhar esses círculos como engrenagens, daquelas que têm os dentes que se encaixam. – Ela entrelaçou os dedos para nos mostrar o que queria dizer.

– Os talentos se encaixam e necessitam uns dos outros, e acho que isso daria um visual melhor.

Depois que ela saiu, todos concordaram que a ideia fazia todo o sentido.

– Temos que contratar essa mulher – afirmou Lynne.

– Está brincando? – protestei. – Minha vida ia desmoronar. E, além disso, acho que ela não gosta de mim.

Jasper concordou, e assim fizemos outra pausa.

Contexto

Quando retomamos, a primeira pergunta foi de Amy:
– Então, o que isso tudo significa?
– Que pergunta mais específica! – comentou Jasper.
– Quero dizer, o que vamos fazer com isso? – ela explicou.
Fui o primeiro a responder:
– Antes de tudo, vamos esclarecer o que Chris vai fazer em relação a Arrebatar. Vamos transformar a função dele em uma espécie de diretor operacional, acho.
Chris fez uma anotação em seu caderno.
– Em seguida – prossegui –, vamos descobrir de que forma cada uma de nossas funções precisa mudar com base em nosso Talento Profissional.
Quinn ergueu a mão, mas não esperou que eu lhe desse a palavra:
– Eu já resolvi uma área. Preciso me envolver um pouco mais cedo no planejamento, porque sou capaz de avaliar nossos planos e fazer alterações melhor que Jasper.
Jasper concordou e conseguiu se conter e não fazer uma piada. Ela foi em frente:
– E preciso dele para checar o trabalho da minha equipe na fase da execução, porque tenho muita facilidade para empacar quando topo com obstáculos.
Uma vez mais, Jasper concordou, levando Chris a fazer mais anotações. Elogiei:

– Não tenho palavras para dizer como acho incrível saber que Chris está registrando tudo isso e vai lembrar a cada um o que precisa fazer. Honestamente, eu me sinto um homem livre.

Foi a vez de Amy intervir:

– Ei, por que não aproveitamos para confirmar o talento de cada um agora?

Houve consenso, por isso Chris reescreveu rapidamente o modelo, usando seis engrenagens no quadro e nomeando cada uma com um talento.

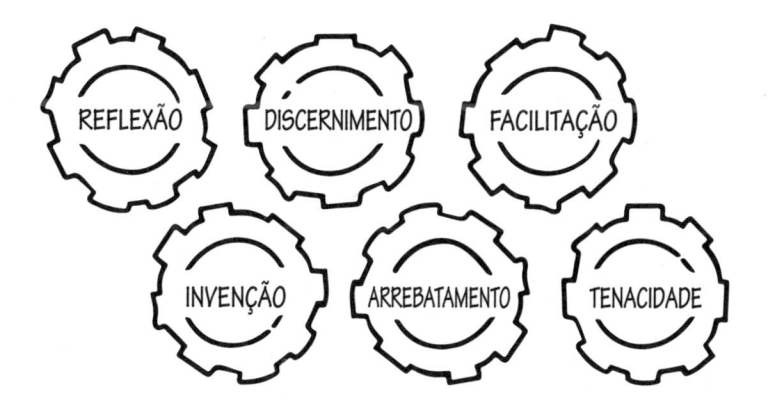

(REFLEXÃO, DISCERNIMENTO, FACILITAÇÃO, INVENÇÃO, ARREBATAMENTO, TENACIDADE)

Dei algumas instruções:

– Lembrem-se, a questão é o que vocês gostam de fazer. Se não tiverem certeza, deem seu melhor palpite em relação àquilo que lhes traz energia e alegria.

Durante os dez minutos seguintes, mais ou menos, todos ficaram olhando para o quadro e colocando suas respostas no papel. Chris deu início aos trabalhos:

– Ok, vamos começar pelo Bull.

– Tenho quase certeza de que as minhas são Invenção e Discernimento.

Todas concordaram e Chris escreveu meu nome perto das respectivas engrenagens.

Estando todos de acordo, ele apontou para Amy.
– As minhas são Reflexão e Discernimento, acho.
Todos refletiram por alguns segundos sobre sua resposta.
– Acho que você acertou em cheio – afirmou Jasper. – Você está sempre fazendo perguntas e tem um enorme bom senso.
Ela fez uma cara de agrado, até que ele completou:
– Tenacidade, com certeza, você não tem.
Todos riram.
– Você é do mal mesmo, não é? – provocou ela.
– Poxa, eu já admiti.
Chris apontou para Jasper.
– Ok, cara do mal. E as suas, quais são?
– Facilitação e Tenacidade, certo?
– Discernimento é que não é. – Amy resolveu provocá-lo.
Jasper deu risada, mas continuou a falar:
– Sabe, odeio admitir, mas é verdade. Nem sempre confio no meu instinto. Eu gosto de números. Na metade das vezes, não entendo de onde o Bull tira as intuições dele. Mas em geral ele tem razão, então simplesmente confio nele.
Chris escreveu os nomes no quadro e virou-se para Lynne.
– Acho que preciso de um pouco de ajuda nessa. – Ela fez uma pausa. – Invenção e Arrebatamento, eu posso riscar. São meus pesadelos. – Ficou olhando para as engrenagens no quadro, como se a resposta fosse aparecer ali. – E Tenacidade e Facilitação, acho que sou só ok.
– Certo. Então você tem Discernimento e Reflexão – Quinn interveio.
– Lembre-se – acrescentei –, a questão é o que lhe traz alegria e ânimo. E não sei se você gosta, mas seu julgamento é excelente.
A preocupação desapareceu do rosto de Lynne.
– É, tem razão. Tenho muita facilidade de avaliar suas ideias, Bull. Não sei de onde você as tira, mas, quando elas

aparecem, eu realmente gosto de dar feedback e descobrir quais vão funcionar melhor.

– Eu vejo total Discernimento em você. Você não larga o osso enquanto não vê que terminamos. Mas a coisa da Reflexão meio que me surpreende – reagiu rápido Amy.

– Gente, se vocês me vissem em casa, iam levar um susto. Dave diz que eu fico viajando enquanto olho pela janela. Fico com a cabeça nas nuvens durante horas. Acho que aqui não faço isso. – Lynne riu.

– Espere um segundo – interrompi. – Quem foi que pensou primeiro na ideia de adotar uma instituição de caridade no Natal passado?

Lynne respondeu primeiro:

– Bem, foi você que encontrou o abrigo no centro.

Neguei.

– Mas quem foi que disse que devíamos focar em uma instituição a fim de fazer diferença de verdade? – Não esperei que ela respondesse. – Foi você. E você não parava de me dizer que tinha algo errado com nossa gráfica.

Chris concordou:

– É mesmo, você quase me enlouqueceu perguntando o tempo todo por que não achávamos uma gráfica melhor. "Será que eles são mesmo o melhor que podemos conseguir?" Quantas vezes você me fez essa pergunta?

Lynne ergueu a mão com os cinco dedos bem abertos.

– Pelo menos cinco. – Ela sorriu.

– Você e Amy sempre fazem a gente parar e pensar nas coisas antes de tomarmos decisões. – Chris deu uma risada.

– Mas deixamos vocês loucos – argumentou Amy.

– Não – retruquei –, você deixa o Jasper louco porque ele só quer seguir em frente e fazer as coisas.

Todos concordaram.

– Elas me deixam louco também. – Chris ergueu a mão, sorrindo.

Lynne deu uma risada e propôs um desafio a ele:

– Quais são mesmo os seus talentos, Chris?

– Bem, acho que já definimos que eu gosto de Arrebatamento e de Tenacidade.

– Com certeza – concordou Lynne. – É o seu resumo perfeito.

– E a Quinn? – perguntou Amy.

– Com certeza ela tem a Facilitação – propôs Jasper.

Dei meu palpite:

– Ela também é uma discernidora.

– Sabem, recorro à Quinn sempre que preciso de uma segunda opinião sobre se um projeto vai dar certo – acrescentou Amy.

– Adoro quando as pessoas vêm pedir minha opinião – reconheceu Quinn. – Sobre qualquer coisa mesmo.

Jasper deu uma risada alta e olhou para Quinn.

– Eu tenho o dobro da sua idade e muito mais experiência que você em publicidade, e mesmo assim acabo perguntando o que você acha sobre tudo. Antes de enviar algo a um cliente, pergunto a você. Caramba, pergunto a você até o que devo comprar para o aniversário da minha mulher.

– *Isso* é Discernimento – confirmei. – E todos concordamos que Quinn tem.

Chris escreveu o nome de Quinn no quadro, completando o retrato da equipe. Algumas coisas saltaram aos olhos de imediato.

O MAIS FÁCIL PRIMEIRO

— Bom, isso certamente explica algumas coisas – fui o primeiro a comentar.

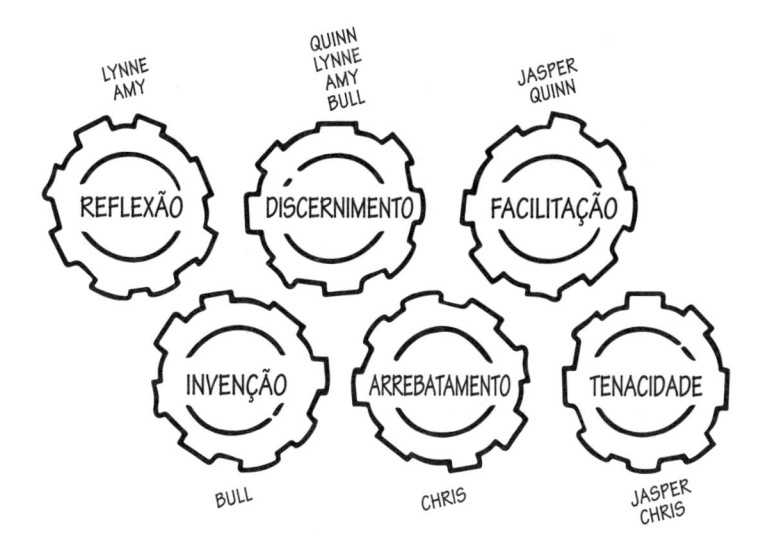

```
         QUINN
  LYNNE  LYNNE           JASPER
  AMY    AMY             QUINN
         BULL

  (REFLEXÃO) (DISCERNIMENTO) (FACILITAÇÃO)

  (INVENÇÃO) (ARREBATAMENTO) (TENACIDADE)

   BULL      CHRIS          JASPER
                            CHRIS
```

— Temos várias pessoas em Reflexão, Discernimento, Facilitação e Tenacidade, e só uma em Invenção e Arrebatamento.

— O que isso significa? – perguntou Lynne em voz alta para ninguém em especial.

— Significa que precisamos muito que Chris faça a maior parte do Arrebatamento, para que Bull possa focar na Invenção – Quinn respondeu antes de mim.

Amy assentia, mas ao mesmo tempo franzia a testa.

– Qual o problema? – perguntei a ela.

– Bem, acho que o que a Quinn disse está absolutamente certo, mas tenho a sensação de que estamos deixando alguma coisa passar.

– Conte-me mais – incentivei.

– Não sei. É só que... – Ela fez uma pausa. – Não sei.

Ficamos parados, à espera de que Amy resolvesse tudo na cabeça. Por fim, ela anunciou:

– São as outras quatro coisas.

– Prossiga – animei-a.

– É difícil explicar – disse Amy, vacilante. – Quero dizer, se tenho duas coisas que amo fazer, são meus talentos. Isso eu entendi. Mas que nome damos às outras coisas?

Ninguém respondeu. Ficamos todos só olhando fixamente para o quadro.

– Isso é o que eu mais gosto de fazer – disse eu.

– O quê? – quis saber Amy.

– Tentar descobrir coisas novas assim. Sinto que a resposta está para aparecer.

– E é isso que não entendo. Como você faz e por que gosta disso – Jasper replicou.

Foi aí que caiu minha ficha.

– Ok, Jasper. Vamos fazer um jogo aqui. Acho que tive uma ideia. Me diga quanto você odeia a Invenção.

– Foi só uma brincadeira. – Ele parecia ligeiramente envergonhado.

– Não, estou falando sério. Até que ponto você odeia inventar? Ou, por falar nisso, tem alguma outra habilidade que não é seu talento?

Jasper teve que parar para pensar.

– Bem – disse, olhando para o quadro branco –, eu sou capaz

de refletir às vezes. Sabe como é, sou conhecido por ficar pensativo e contemplativo de vez em quando, em geral com uma cerveja na mão.

Todos rimos. Ele prosseguiu:

– E, embora eu não seja um discernidor a ponto de precisar que Quinn me indique um presente de aniversário de casamento para minha esposa, tenho, sim, *um pouco* de intuição sobre as necessidades do cliente. Então não é algo que eu odeie. – Ele fez uma pausa. – Mas posso dizer que odeio, odeio de verdade, incentivar as pessoas a fazer aquilo que elas já não querem fazer. Prefiro fazer eu mesmo.

– E a Invenção? – quis saber Amy.

– Olha, me dá um nó no estômago quando alguém me pede para bolar algo novo, sem qualquer orientação ou estruturação. Odeio, odeio de verdade.

Virei-me para Amy.

– E você?

– Se eu odeio inventar?

– Não, me diga como você se sente em relação às quatro coisas que não são seus talentos.

– Entendi – ela respondeu. – Vejamos. Eu não sou inventora, mas, se precisar, dá para fazer pontualmente. Só que não conseguiria fazer tão bem quanto o Bull.

Ela fez uma pausa enquanto estudava o quadro.

– E não me importo de ser facilitadora para os outros de tempos em tempos. Também não é minha preferência, mas não me dá medo. – Ela respirou fundo. – Eu já tinha dito que odeio muito incentivar as pessoas. Suga minha energia. E, por mais que eu odeie admitir, Jasper tinha razão em relação à minha Tenacidade. Terminar as coisas não me deixa motivada. Depois do estágio inicial de um projeto, perco o interesse e já quero passar para o próximo.

Chris fez uma careta.

– Não quero ofender você nem ninguém que não tenha Tenacidade, Amy. – Ele hesitou. – Mas isso meio que soa como preguiça.

– Caramba! – gritou Jasper. – Chris acaba de chamar Amy de preguiçosa.

Todos nós caímos na gargalhada. Menos Chris.

– Não foi isso que eu quis dizer – protestou, em tom de desculpas. – O que quis dizer é que pode parecer...

Amy o interrompeu:

– Eu entendo o que você quis dizer. Não levei a mal. – Ela pensou um pouco mais a respeito. – Mas não me acho preguiçosa.

– Até eu sei que você não é preguiçosa – afirmou Jasper –, por mais que eu queira dizer que é.

Uma coisa veio à minha mente.

– Olha, sempre me senti culpado por não gostar de terminar as coisas. É, sim, e às vezes me sinto um preguiçoso por conta disso. Mas acho que é só porque é uma das coisas que mais me tiram o ânimo.

– E com certeza você não é preguiçoso – afirmou Lynne. – Mas será que pode se livrar de ter que terminar as coisas, com Tenacidade, só porque não gosta de fazer isso?

Foi como se todos estivessem à espera da minha resposta.

– De modo algum – declarei, concordando. – Todo mundo tem alguma coisa de que não gosta. Mas não é inteligente colocar alguém em uma tarefa que exige fazer muito aquilo que odeia.

– E aquilo que não se odeia, mas também não se ama? – indagou ela.

– Acho que é diferente. Na verdade, talvez precisemos fazer uma distinção entre as quatro outras atividades. Se chamamos de "talento" aquilo que amamos e fazemos bem naturalmente, como chamaríamos as coisas que odiamos?

— Tristezas — propôs Amy.

Chris escreveu a palavra no quadro branco e todos nós ponderamos a respeito.

— Gosto mais da palavra *frustração* do que de *tristeza*. Não sei por quê. — Franzi a testa.

Ficamos todos olhando o quadro branco, à espera de que a resposta surgisse. Amy rompeu o silêncio:

— É, é uma questão de frustração mesmo. Algo que tira o ânimo mais do que entristece. Algo frustrante.

— Não vamos ficar burilando isso demais. Frustração está bom — interveio Jasper.

Chris apagou *tristezas* e escreveu *frustrações*.

— E essa categoria do meio? — provoquei. — Que não é seu talento nem sua frustração.

— Competência — sugeriu Quinn. — Aquilo que a gente faz direitinho durante algum tempo, mesmo sem gostar.

Todos pareceram gostar da ideia.

— E aí está — declarei. — Seis categorias de talentos. Cada um de nós terá um par de talentos, um par de competências e um par de frustrações.

Fizemos todos uma pausa, contemplando o quadro, como se estivéssemos procurando mais alguma coisa ou talvez alguma coisa errada. Ninguém disse nada durante quase um minuto inteiro. Chris rompeu o silêncio:

— Acho que seria bom colocarmos isso em prática durante algumas semanas, para ver o que descobrimos.

Concordamos e, na mesma hora, saímos da sala com um estranho misto de exaustão e expectativa. Fiquei tão empolgado que mal podia me conter.

A IMPLEMENTAÇÃO

Quando cheguei em casa naquela noite, Anna já tinha colocado em prática suas próprias conclusões. Ela havia levado um quadro branco do meu escritório para a sala e desenhado nele as seis engrenagens. Antes mesmo de me dizer oi, ela entrou no assunto:

– Pois bem, se os meus talentos são a Reflexão e a Facilitação, e os seus são a Invenção e o Discernimento, a gente está bem ferrado por aqui.

– Uau. Você está começando a falar igualzinho ao Jasper. – Dei uma risada.

– Desculpe. – Ela sorriu de leve e veio me dar um beijo. – É que fiquei superanimada com isso, e até um pouco preocupada.

Tirei a mochila do ombro – motivo constante de zoeira dos meus filhos, porque sempre a carrego no ombro em vez de nas costas – e fui até o quadro branco. Dei uma breve olhada nele.

Lembrei que não tinha explicado a ela nossas descobertas em relação às "competências" e "frustrações" no trabalho. Passei os dez minutos seguintes fazendo isso. A cabeça de Anna começou a trabalhar.

– Vejamos – disse eu. – Nenhum de nós tem o Talento do Arrebatamento ou da Tenacidade, mas Arrebatamento é uma de minhas competências. Porém nós dois temos a Tenacidade como frustração, e esse é o nosso problema.

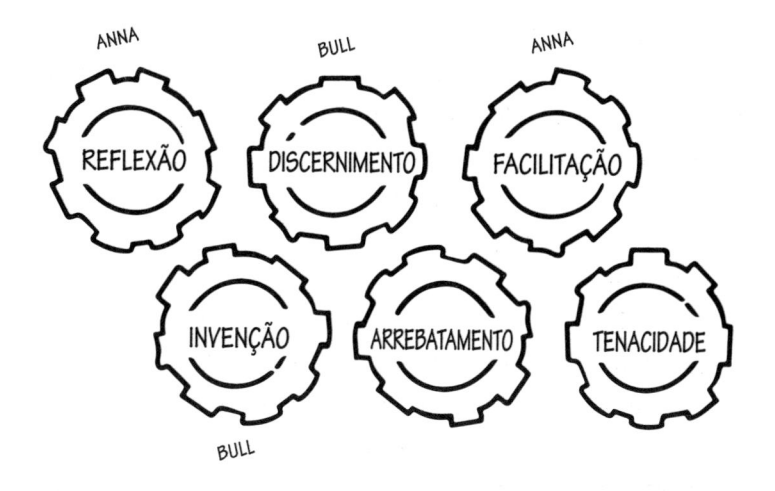

```
        ANNA           BULL          ANNA
    ( REFLEXÃO )  ( DISCERNIMENTO )  ( FACILITAÇÃO )

    ( INVENÇÃO )  ( ARREBATAMENTO )  ( TENACIDADE )
         BULL
```

– Exatamente. Nenhum de nós gosta de levar as coisas até o fim ou de lidar com os detalhes – afirmou Anna.

– Ai, ai – disse eu. – Isso explica muita coisa.

– Ai, ai mesmo. As multas por atraso nas contas. As crianças chegando atrasadas à escola. O orçamento estourado porque não anotamos nossos gastos.

Minha ficha caiu de repente.

– Ai, droga. Isso não é bom.

– O quê?

– Acabei de me dar conta de que a maior parte das questões de Tenacidade aqui em casa recaem sobre você. Eu fico aqui reclamando por ter que arrebatar, mas pelo menos é uma das minhas competências. Você odeia detalhes, prazos e execução tanto quanto eu, mas grande parte do que você precisa fazer todo dia gira em torno disso. – Fiquei realmente condoído por ela e por não ter me dado conta disso anos antes.

Ela estudou o quadro.

– Bom, eu tenho a Facilitação, por isso gosto dessa parte de ajudar. Não me importo, de verdade, de ser voluntária na igreja, de servir de motorista para as crianças e ajudar os escoteiros. –

Ela pensou um pouco mais a respeito. – Desde que esteja ajudando as pessoas, eu me sinto feliz de verdade. Mas, quando preciso cuidar de um monte de detalhes do serviço, perco o interesse.

– É por isso que você não se incomoda de organizar uma festa ou de cozinhar para vinte pessoas no Natal...

Anna me interrompeu:

– Mas odeio fazer o jantar toda noite, e lavar os pratos é o meu pesadelo. – Ela deu uma risada. – Lembra aquele Dia de Ação de Graças em que deixamos os pratos dois dias dentro da pia?

– Foi culpa minha – reconheci. – E lembra como seu pai ficou chocado quando chegou e viu a cozinha?

– Achei que fosse me deserdar. Com certeza ele tem Tenacidade.

– E a garagem, então? – Recordei de repente. – Toda vez que ele entra lá, balança a cabeça como se fôssemos um caso perdido.

– O que vamos fazer então?

– É só não deixar ele entrar na garagem quando vier aqui – respondi, pragmático.

– Não foi isso que eu quis dizer, cabeça-dura. O que vamos fazer em relação à nossa falta de tenacidade? Não vai ser fácil resolver.

– Bem... – Refleti por um instante. – Primeiro, não vamos mais ficar nos sentindo péssimos e preguiçosos. Só não é nosso talento.

– Isso já ajuda – reconheceu ela. – Mas e quanto às tarefas em si?

– Talvez seja o caso de achar um jeito de terceirizá-las.

– Tipo contratar um mordomo? – Ela riu.

– Vamos arrumar aquela robô dos Jetsons. Como era o nome dela?

– Rosie – lembrou Anna. – Isso, precisamos da robô Rosie.

– Ou talvez pudéssemos achar um jeito de pagar para alguém fazer uma parte do serviço doméstico e uma parte do serviço administrativo umas duas vezes por semana.

– Serviço administrativo? – indagou Anna em voz alta. – Não estou sabendo disso.

– Podíamos achar algum universitário, até algum conhecido, que não se importe de pagar contas e fazer pequenas tarefas ou lavar a roupa – propus. – Caramba, seria um ótimo bico para quem precisa ganhar um extra.

– E essa pessoa começa quando? – brincou Anna. – E ela pode me ligar toda manhã para me lembrar da minha agenda do dia?

Foi então que caiu minha ficha.

– Ai, caramba.

– O que foi?

– Minha agenda. Acabei de lembrar que tenho reunião na igreja hoje à noite.

– Que tipo de reunião? – perguntou ela.

– O comitê da Festa das Nações em que você me inscreveu como voluntário – expliquei, revirando os olhos.

Ela fez uma careta.

– Desculpa! Para mim é difícil dizer não, e você tinha dito que queria se engajar mais.

– Está vendo? Isso é Facilitação. Você não gosta de dizer não. Para mim, não é tão difícil.

– Você acha que consegue se livrar da reunião?

– Não. Eu disse que preciso me engajar mais. Preciso dar mais de mim, em termos de horas de voluntariado. Eu vou.

– Que horas começa?

Chequei o relógio.

– Cinco minutos atrás.

– Tudo bem – tranquilizou-me Anna. – Lá nada nunca começa na hora, tirando a missa.

COMITÊ

Como Anna havia previsto, quando cheguei à paróquia de São Mateus, 12 minutos depois, não era o único entrando no salão de reuniões.

Havia sete pessoas, incluindo eu e o padre John, apenas alguns anos mais velho que eu.

– Vamos começar, pessoal – anunciou o pároco. – Quero ver todo mundo saindo daqui em um horário decente.

Todos se sentaram e o padre John fez uma oração.

Em seguida, um homem mais velho, que eu só conhecia de vista das missas, foi para a frente da sala e começou a falar:

– Obrigado a todos por terem vindo esta noite. Meu nome é Finn Collins e já faz sete anos que organizo a Festa das Nações, desde que Bob e Peggy Carlson se aposentaram. Como vocês já devem saber, nos últimos anos cada vez menos gente tem vindo ao festival e no evento do ano passado chegamos a ter prejuízo. Por isso, minha esperança é de empatar os gastos este ano e quem sabe até lucrar um pouco.

Eu o interrompi:

– Desculpe-me, Finn, mas esperança não é uma estratégia.

Na verdade, não foi isso que eu disse, por mais inofensivo que pareça. Nas reuniões da paróquia, aprendi às minhas próprias custas que as pessoas se ofendem com linguagem direta e observações secas. Além disso, teria sido desagradável. Por isso, eu nada disse.

Finn deu continuidade:

– Ok, vamos dividir as responsabilidades, para começar. Temos exatamente três meses até o dia do festival, e se tem uma coisa que aprendi ao longo dos últimos sete anos é que vamos precisar de todo esse tempo para nos prepararmos.

Finn começou a entregar um folheto, que, imaginei, tinha a ver com os diferentes papéis que poderíamos desempenhar. Foi então que uma voz suave atrás de mim fez uma pergunta fantástica:

– Podemos conversar sobre o objetivo da Festa das Nações?

Juntamente com três outros sujeitos em minha fileira, virei-me e vi uma mulher baixinha, sentada no fundo da sala. Por alguma razão, ao chegar eu não tinha percebido sua presença nem o bebê que dormia em seu colo.

Finn fez uma cara confusa.

– Bem... – Olhou para o padre John. – A Festa das Nações é uma das atividades que realizamos todo ano na paróquia.

Pensei que ele fosse continuar a explicação, e acho que os outros também, porque ficamos todos à espera, em silêncio, mas o homem ficou só nisso. A moça com o bebê de colo fez outra tentativa:

– É, eu sei. Mas por que nós fazemos todo ano? – Ela não esperou a resposta. – Será que vale todo esse planejamento e preparação? Teria como ser de outro jeito, ou ser melhor?

O salão ficou em silêncio. Finn olhou para o padre John, que olhou para outra pessoa na primeira fila. Por mais justo e relativamente inofensivo que o comentário dela tivesse sido, surgiu uma tensão palpável na sala. Era como se o bom e velho Finn tivesse soltado um pum.

Foi nessa hora que resolvi intervir, dessa vez de verdade:

– Acho que essa pergunta é justa. Sempre é uma boa ideia rever as coisas de tempos em tempos, para nos certificarmos de que elas continuam relevantes.

Por um breve instante, Finn me dirigiu um olhar que me fez pensar que ia pular a primeira fila de cadeiras dobráveis e me estrangular. Felizmente, ele não fez isso. Mas tenho quase certeza de que, se fizesse, eu conseguiria encará-lo. Finn não estava em plena forma.

Em seguida, falou uma mulher sentada ao lado do padre John:
– Não acho que questionar o objetivo de algo que fazemos há 25 anos seja uma boa forma de aproveitar nosso tempo.

Nessa hora eu me lembrei do modelo do Talento Profissional. A mulher baixinha com o bebê de colo não estava sendo chata; estava só refletindo. E a mim cabia salvá-la, mesmo que para isso eu tivesse que me opor à Dona Carola.

– Pessoal, esperem um segundo. – Olhei para trás, para a mulher com o bebê de colo atrás de mim. – Acho que a pergunta que você fez é boa e importante. E não acho que a gente deva encará-la como crítica, de modo algum.

De repente a sala ficou mais silenciosa do que nunca, se é que isso é possível. Prossegui:
– Antes de realizar qualquer atividade na paróquia, tirando, é claro, os sacramentos, sempre precisamos nos perguntar se essa atividade vale a pena e se está atingindo o objetivo. Minha impressão é que, muitas vezes, continuamos a fazer certas coisas por puro medo de que alguém se sinta ofendido.

Inicialmente, ninguém disse nada. Então o padre John falou:
– Está brincando? É assim que eu me sinto há anos! Minha sensação é que não tenho permissão para acabar com um programa, uma missão ou atividade que ninguém aguenta mais, e por conta disso acabamos tendo mil coisas diferentes, nenhuma delas com recursos ou tempo necessário para ficar bem-feita.

Eu meio que esperava que Dona Carola e Finn tivessem um chilique, mas o que aconteceu foi outra coisa: eles pareciam aliviados. Finn falou primeiro:

– Não me levem a mal, por mim tudo bem se recuarmos e reavaliarmos tudo isso. – Ele sorriu. – Quando eu administrava a Tahoe Builders, revisávamos o trabalho todo semestre, para cortar qualquer projeto que atrapalhasse outros mais importantes.

Eu estava ouvindo direito? Nosso queridíssimo Finn Collins, aquele voluntário da igreja de ar sonolento, tinha dirigido a maior empresa de construção da região de Reno-Tahoe? Que vergonha. Eu não dava nada por ele.

Dona Carola interveio:

– Pois então, quando eu estava à frente da American Airlines, fazíamos a mesma coisa. – Não estou brincando. Foi isso mesmo que ela disse.

É claro que ela estava zoando Finn, e todo mundo, inclusive eu, acabou rolando de rir. E tinha um senso de humor melhor do que eu supus. Precisava parar de julgar as pessoas.

Assim, com um misto de remorso e falta de autocontrole, levantei a mão e falei:

– Meu nome é Bull Brooks e gostaria de propor...

A mulher baixinha me interrompeu.

– Ah, você é o marido da Anna! – afirmou, empolgada.

Dona Carola, que se apresentou como Betty, exclamou:

– Eu adoro sua esposa. Ela é a nossa melhor voluntária.

Meu remorso deu lugar ao orgulho de minha companheira e continuei a falar:

– Direi isso à Anna. Obrigado. – Fiz uma pausa. – Pois bem, eu gostaria de me voluntariar como facilitador de um debate rápido sobre essa questão, se não se importarem. Foi o que fiz na minha agência de publicidade e acho que consigo ajudar.

– Seria ótimo – declarou Finn em tom sincero, fazendo um gesto como que me convidando à frente da sala, onde, felizmente, havia um quadro branco.

Talentos da igreja

Subitamente fiquei um pouco nervoso. Quer dizer, eu não queria decepcionar minha esposa amada e famosa bancando o idiota na frente daquelas pessoas.

Para ganhar tempo, peguei uma canetinha e caminhei até o quadro.

– Ok, antes de falar sobre o objetivo do festival, permitam que eu mostre uma coisa que descobrimos no trabalho.

Desenhei os seis círculos, tendo concluído que não valia a pena perder tempo dando a eles a aparência de engrenagens.

– Quando a questão é trabalho, seja administrar uma escola, arrecadar fundos para o novo centro de convivência ou organizar um festival, o processo tem seis etapas. Escrevi a palavra *Reflexão* no primeiro círculo.

– Aquilo que você fez alguns minutos atrás. – Apontei para a mulher com o bebê de colo.

– Meu nome é Terri – disse ela, sorrindo.

– Oi, Terri. É isso que você estava fazendo quando perguntou: "Por que organizamos o festival?".

Virei-me para os demais.

– Ela estava refletindo, ponderando, conjecturando, fazendo a pergunta com P maiúsculo. E esse é o primeiro passo em qualquer empreendimento.

– Foi isso que a sra. Lorenzo fez quando nos propôs a construção do centro de convivência. – O padre John riu. – Ela veio falar comigo e disse: "Deve ter um jeito melhor de ajudar as mães com filhos pequenos que vêm até a paróquia como voluntárias, para estudar a Bíblia ou para se confessar." Nunca vou me esquecer daquele dia, nem da sra. Lorenzo.

– Suponho que a Terri também faça isso em outras áreas da vida dela – disse eu, basicamente pedindo a ela que confirmasse ou desmentisse meu palpite.

Ela riu, como se eu tivesse dito algo muito perspicaz.

– Faço isso o tempo todo. Meu marido fica doido.

– Então a Reflexão provavelmente é um dos seus talentos – voltei a falar. – Um talento é um dom natural dado por Deus que proporciona energia e contentamento a quem o tem. Certamente é algo que você costuma fazer bem.

O padre John sorriu e concordou com a cabeça.

– Entendi. Sim, a sra. Lorenzo era um talento da Reflexão.

– E aí, o que aconteceu depois que ela fez essa proposta? – perguntei.

– Bem – respondeu o padre –, fiquei algum tempo pensando na ideia, acho.

– Mas como o centro de convivência foi criado? – insisti.

– Bem... – O padre franziu a testa, tentando lembrar. – Acho que foi Jack Martinez que teve a ideia de erguer uma estrutura com salas de aula, cantina, creche e biblioteca, tudo em um só lugar.

– Esse é o segundo passo do trabalho – expliquei, enquanto escrevia no círculo. – Invenção. Alguém tem que bolar uma solução, uma ideia nova, uma proposta. Há pessoas que possuem esse talento.

Àquela altura, as pessoas já estavam fazendo anotações, o que achei bem interessante. Por isso, fui em frente e expliquei o Discernimento, o Arrebatamento, a Facilitação e a Tenacidade. Levou dez minutos, e parecia que absolutamente todo mundo tinha compreendido! Eu nem podia acreditar.

Tendo colocado os seis círculos no quadro branco, voltei ao tema do festival:

– Pois bem, vamos começar pela Reflexão. Qual é o objetivo do festival? Como ele poderia ser melhor?

O padre John foi o primeiro a falar:

– Eu gostaria de deixá-lo mais conectado com a nossa fé. E que ajudasse mais os outros. Sem ofensa, Finn.

– Ofensa alguma, padre. Tenho certeza que não possuo nada disso de Reflexão e Invenção. Sou da turma da Tenacidade. Por isso, se o senhor me der instruções, vou fazer acontecer.

– Então, como podemos deixar esse evento mais devocional, mais caritativo, mais apaixonante? – O padre John parecia aliviado.

Levantei a mão, o que era esquisito, considerando que era eu que estava na frente de todo mundo.

– Tenho uma ideia.

– Seu talento é a Invenção? – perguntou Betty, educadamente.

– Na verdade, é, sim – admiti, com a maior humildade possível. – Não consigo parar de pensar em ideias novas, mesmo quando não deveria.

– Bom, agora é a hora em que precisamos que você invente um pouco. – Ela riu.

– Pois bem – disse eu sorrindo –, eis o que estou pensando. E se cada um de nós, dos diferentes grupos dos países, preparássemos comida e outras coisas culturais em relação a um santo de cada país?

O padre John endireitou-se na cadeira e sorriu.

– Gostei da ideia.

Fui em frente:

– E se, em vez de adultos organizarem o festival para nossos filhos, nós, na verdade, envolvêssemos nossos jovens para realizar o festival, mas em benefício das famílias mais pobres das escolas da região? Eles serviriam a comida, organizariam as brincadeiras, pintariam o rosto das crianças e todas essas coisas.

Fiz uma pausa e outra coisa me veio à cabeça:

– Todo mundo sempre diz que gostaria que os filhos fizessem viagens missionárias, mas ninguém quer que eles viajem para outro país. Pois bem, temos um monte de gente passando necessidade a uma ou duas horas de carro, então poderíamos criar um programa social.

– Bom – Finn declarou –, perder dinheiro já estamos perdendo, então essa preocupação a gente não precisa ter.

Todos deram risada. Outro homem na sala se pronunciou:

– Ei, se transformarmos isso em um programa social, posso pedir doações para cobrir os custos. Eu não gosto de pedir doações para um festival, mas, se for uma forma de ajudar os mais pobres, conheço um monte de empresas que ajudariam. Tenho quase certeza de que empataríamos receita e despesa, o que já seria melhor que no ano passado.

– Parece sensacional! – exclamou Betty.

Fizemos um brainstorming de meia hora. Algumas ideias foram rejeitadas, entre elas minha sugestão de colocar o padre John sentado em uma tábua sobre um tanque cheio de mingau. Não, eu não sugeri isso, mas quando cheguei em casa jurei para Anna que tinha sugerido, só para ver a cara que ela ia fazer.

No fim da noite, tínhamos o esboço de um plano. O padre John anunciou que ele e Betty seriam os Arrebatadores, e, com a Tenacidade de Finn, eu estava convicto de que a Festa das Nações estava ganhando um novo fôlego e que eu seria a pessoa ideal para fazê-la acontecer.

Mais uma vez, eu estava me divertindo.

Vida real

Esta é a parte da história em que volto ao trabalho, no dia seguinte, cheio de expectativa, aliviado e empolgado com minha função e os papéis que cada um vai desempenhar. É a parte em que me decepciono, porque recaímos nos velhos hábitos e esquecemos tudo aquilo que conversamos na véspera, e no fim nada muda. Sabe como é, três passos para a frente, dois e meio para trás.

Só que não foi isso que aconteceu. Certo, não chegamos todos saltitantes para trabalhar, como os sete anões (à exceção, é claro, do Zangado). Mas todo mundo, todo mundo mesmo, continuou falando de seus talentos. E de suas frustrações.

E todos, quando chegaram em casa, conversaram sobre o assunto com os respectivos cônjuges e amigos, e tinham histórias interessantes e engraçadíssimas para contar. Alguma coisa estava em andamento.

O melhor de todos foi Chris. Ele chegou para trabalhar antes de todo mundo, avisou à equipe de executivos que faria uma reunião assim que todos chegassem e nos levou para a sala.

– Ok, Bull – ele olhou para mim –, resolvi levar a sério aquilo que você falou ontem. Por isso, vou dar uma Arrebatadazinha agora.

No primeiro momento, ninguém disse nada, e deu para notar que Chris ficou um pouco incomodado com a falta de reação. Por isso, sendo o espertinho que sempre sou, eu disse:

– Você não acha que era melhor ter vindo falar a sós comigo a respeito antes?

Embora tenha sido só um segundo e meio, a cara que Chris fez me deixou arrependido pela minha gracinha. Expliquei imediatamente:

– Estou brincando. Estou brincando. Estou só brincando.

Jasper achou hilariante. Ninguém mais achou, pelo menos não enquanto Chris não se deu conta de que eu nem de longe estava falando sério.

Anotação pessoal: seja mais cuidadoso na hora de fazer piada. Use o seu Discernimento.

Fui em frente:

– Na verdade, se você quer arrebatar o time, é exatamente isso que quero que faça. Incentive. Assuma riscos. Deixe a gente um pouco desconfortável.

Durante uma hora repassamos nossos atuais clientes, discutimos nossas melhores oportunidades de clientes novos e definimos as prioridades do restante do mês. Foi incrível. Eu ainda era o presidente, mas não precisava fazer todas as perguntas nem cobrar clareza das pessoas.

Chris nunca me pareceu tão comprometido.

Ao longo da nossa conversa, decidimos alterar uma parte das funções de Quinn, para que ela focasse mais em me ajudar a cuidar do desenvolvimento pessoal dos funcionários. Sua combinação de Facilitação com Discernimento fazia desse um papel perfeito para ela, independentemente do que pensávamos um dia e meio antes.

Depois da reunião, passei quatro horas focado exclusivamente em ideias. Amy e eu discutimos em quais potenciais clientes íamos mirar primeiro. Lynne e eu fizemos um brainstorming sobre anúncios e mensagens digitais para propor ao resort. E Jasper me pediu que revisasse o trabalho que ele e sua equipe estavam elaborando para um de nossos clientes mais antigos.

Foram as minhas melhores quatro horas de trabalho em vários meses. E, segundo Amy, Lynne, Jasper e sua equipe, também foi produtivo para eles.

No fim da tarde, trabalhei com Chris, Quinn e Amy para montar uma espécie de estrutura de organização, recrutamento e avaliação do êxito de nossos projetos. Devo esclarecer que não foi a primeira vez que pensei nessas coisas. Não sou tão burro assim. Só que o fato de ter à minha volta pessoas melhores que eu nessa parte do trabalho, e pessoas que gostavam de fazer aquilo, aumentava muito a eficiência.

Foi só quando cheguei em casa, naquela noite, que me dei conta de quanta coisa tinha mudado em um único dia. E quem percebeu isso primeiro foi Anna.

Relatório

Ela estava na cozinha, ajudando um dos nossos filhos a fazer *quesadillas*. Os exaustores estavam ligados e as janelas abertas, para impedir os detectores de fumaça de disparar o alarme; claro que a primeira fornada tinha queimado.

Mesmo em meio a uma enorme confusão, minha esposa pareceu empolgada em me ver.

– Por que você não me contou o que aconteceu ontem à noite na igreja? – ela perguntou, sacudindo um pano de prato para dispersar um pouco da fumaça.

– Você estava dormindo, e eu não queria te acordar – me defendi.

– E aí, o que aconteceu? – Ela abriu um sorriso.

– Estou achando que você já sabe. O que te contaram?

Ela largou o pano de prato e explicou:

– Bom, a Betty disse que você os ajudou a redesenhar a festa, ou coisa parecida. E disse que você deu um show.

– Bom, minha meta é essa. Dar um show.

– Você entendeu o que eu quis dizer. Ela falou que você ajudou muito. O que foi que você fez?

Sentei-me à mesa da cozinha, sob uma camada de fumaça, e expliquei a ela como eu tinha usado o método dos Talentos Profissionais para ajudá-los a resolver a discussão que estavam tendo. Contei como eu tinha subestimado alguns participantes da reunião. E como eles me ergueram nos ombros e me carregaram sala afora ao fim da reunião.

Ela me bateu com o pano de prato. E então fez a grande pergunta:

– E aí, como foi no trabalho?

Respirei fundo, refleti por alguns instantes e respondi em tom casual:

– Acho que foi o melhor dia que tive em vários anos.

– Uau! – Ela arregalou os olhos. – Que mudança! Conte mais.

Contei a ela sobre Chris e a reunião da manhã. E sobre as novas responsabilidades atribuídas a Quinn.

– E como é que eles estão se sentindo em relação a isso tudo? – ela perguntou.

– Certeza não dá para ter, mas, francamente, acho que estão empolgados. – E contei tudo que aconteceu naquela tarde.

Alegria, alegria, alegria.

Anna estava genuinamente surpresa.

– E você acha mesmo que é por causa do que vocês fizeram ontem?

– Acho. Mas foi só um dia.

Viralizou

No dia seguinte, Quinn entrou na minha sala – que era mais uma sala de reunião do que uma sala – com uma ideia.

– Tudo bem se eu explicar a história dos talentos para os baixinhos hoje?

"Baixinhos" eram os jovens que trabalhavam na agência. Foram os próprios que se apelidaram assim. Entre eles estavam Shane, Makena, Max, Kristen e Kirstin.

A baixinha mais trabalhadora era Kristen. Seu único problema era que muita gente a confundia com a Kirstin, por causa dos nomes. Talvez eu devesse ter demitido a Kirstin para evitar essa confusão, mas não demiti. Isso mostra como sou legal. Na verdade, os baixinhos eram uma garotada ótima, mesmo com níveis variados de desempenho.

– Com uma condição – eu disse a Quinn. – Que você me deixe ir junto.

Felizmente, ela ficou contente com a minha presença. Mas ela também tinha um alerta:

– Você precisa saber que a gente continua tendo problemas com o Max. Conversei com ele sobre os detalhes e o acompanhamento umas dez vezes. Ele sempre parece sinceramente comprometido a melhorar. E aí acontece tudo de novo. Não sei se ele vai vingar.

Isso me deu um aperto no coração. Eu gostava de verdade dos baixinhos e torcia por Max. Ele era verdadeiramente humilde e entusiasmado com nosso negócio, e parecia dedicado ao trabalho.

– Se ele não está vingando, talvez este não seja o lugar certo para ele – respondi. – Mas é uma pena, porque quando o contratamos parecia tanto ser a pessoa certa.

Quinn concordou com a cabeça, de um jeito levemente decepcionado.

– Eu sei. Pensei a mesma coisa. Mas os erros que ele vem cometendo estão me tirando do sério.

Garanti a Quinn que confiava no julgamento dela e disse que nos encontraríamos mais tarde, na apresentação.

Encomendamos uma pizza e resolvemos convidar o Jasper para participar, para dar um toque de humor. Não tínhamos ideia de como a participação dele seria importante e séria.

Resgate

Quinn e eu nos alternamos explicando as seis categorias aos baixinhos, e ambos ficamos aliviados ao ver que eles pareciam interessados de verdade naqueles conceitos, assim como capazes de captá-los rapidamente.

Levou um tempinho para todos chegarem a um acordo sobre os talentos que se aplicavam a eles, mas no fim surgiu um panorama claro.

Os talentos de Shane eram Arrebatamento e Facilitação; os de Makena, Arrebatamento e Tenacidade; os de Max, Invenção e Discernimento; e, você jamais iria adivinhar, Kristen e Kirstin tinham tanto Facilitação como Tenacidade. Francamente, minha cabeça estava sofrendo para tentar dar conta de tudo isso, até que Jasper foi ao quadro e escreveu tudo de um jeito diferente.

Não apenas ele fez uma lista com o nome de cada um ao lado de suas respectivas categorias como também listou suas frustrações.

Antes mesmo que pudéssemos começar a pensar no significado de tudo aquilo, os baixinhos foram direto ao assunto.

– Três de nós possuímos Tenacidade – afirmou Shane. – Todas elas mulheres.

Makena provocou:

– É, a gente está cansada de consertar o estrago que vocês fazem, meninos.

TALENTO	FRUSTRAÇÃO	TALENTO	FRUSTRAÇÃO	TALENTO	FRUSTRAÇÃO
MAKENA KRISTEN SHANE		MAX	KIRSTIN SHANE	SHANE KRISTEN KIRSTIN	MAX

REFLEXÃO   **DISCERNIMENTO**   **FACILITAÇÃO**

INVENÇÃO   **ARREBATAMENTO**   **TENACIDADE**

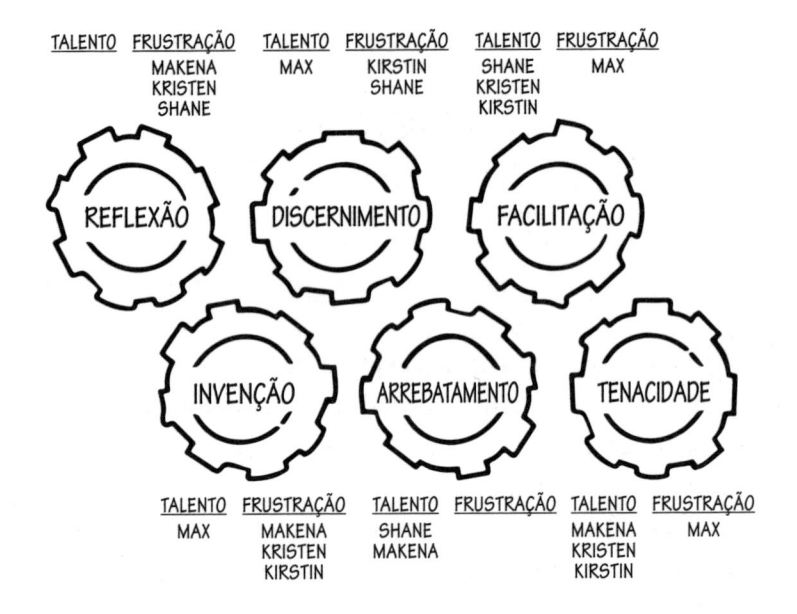

TALENTO	FRUSTRAÇÃO	TALENTO	FRUSTRAÇÃO	TALENTO	FRUSTRAÇÃO
MAX	MAKENA KRISTEN KIRSTIN	SHANE	MAKENA	MAKENA KRISTEN KIRSTIN	MAX

Todos deram risada. Jasper interrompeu:

– Esperem um instante. – Ele ganhou a atenção de todos. – E vocês têm a Tenacidade como uma de suas competências. – Ele dirigiu o comentário a Shane.

– E o que isso tem de importante? – perguntou Shane.

– Então, só tem uma pessoa com o nome em vermelho ao lado de *Tenacidade*. – Jasper fez uma pausa. – E é o Max.

Subitamente, a sala ficou mais silenciosa do que deveria. Olhei para Max e dava para ver que ele estava incomodado.

Antes que Quinn ou eu disséssemos algo, Jasper seguiu em frente, e da forma mais direta, porém elegante, que eu poderia ter imaginado.

– Max, você anda tendo problemas em acertar os detalhes de parte do que tem feito, estou certo?

Se havia alguma dúvida em relação ao desconforto de Max, ela desapareceu de vez.

– Hum, é sim.

– E como você se sente em relação a isso? – perguntou Jasper.

Max hesitou.

– Hum, meio mal, eu diria. Sabe, quando...

– Isso surpreende você? – Jasper o interrompeu. – Quer dizer, acha que Bull estaria fazendo melhor que você se tivesse que fazer o que você faz?

Max olhou para mim. Eu sorri e dei de ombros, tentando deixá-lo mais à vontade em relação à pergunta.

– Olha, eu não sei – admitiu Max.

Foi minha vez de entrar na conversa, dirigindo meu comentário a Jasper:

– Você se lembra do nosso primeiro ano na agência? De quantas vezes salvou minha pele porque eu tinha deixado alguma coisa importante de fora de uma apresentação?

– Você era um pesadelo – concordou Jasper. – Igualzinho ao Max.

Isso até fez Max rir, o que foi um alívio para todos na sala.

– Qual era o seu problema, então? – perguntou-me Jasper.

Dei um sorriso.

– Eu era péssimo em algumas partes do trabalho, mas, se me lembro direito, você também era.

– Com certeza eu era. – Jasper não estava sendo nem um pouquinho sarcástico. – Se tivesse que bolar ideias novas ou dar feedback a um cliente no meio da apresentação, eu borraria as calças.

Todos deram risada.

– Não, estou falando sério – corrigiu-os Jasper. – Eu era péssimo nessas coisas. – E em seguida corrigiu-se: – Mas não cheguei a borrar as calças.

Depois que a sala parou de rir, ele prosseguiu:

– Então, no meu modo de ver, os caras da agência poderiam ter feito uma dessas duas coisas: ter se livrado de nós dois, porque nenhum de nós era bom em todos os aspectos do nosso trabalho – ele fez uma pausa dramática – ou ter mantido a gente trabalhando juntos, para que um complementasse o outro. Felizmente, escolheram a segunda opção, porque senão não estaríamos aqui hoje.

Foi a vez de Quinn intervir:

– Quem tem trabalhado com você na maioria dos seus projetos atualmente, Max?

Max olhou ao redor.

– Shane e Amy – respondeu por fim.

Eu me levantei, como um advogado prestes a fazer seu arrazoado para o júri. – E nenhuma das duas tem o Talento da Tenacidade, certo?

Quinn concordou.

– Então você está bem ferrado, estou certo? – perguntei retoricamente a Max.

– Você está definitivamente ferrado – afirmou Jasper.

Todos riram de novo.

– Mas o simples fato de ninguém da equipe ter Tenacidade não significa que está tudo bem cometer erros por negligência – argumentou Quinn. Eram palavras que pareciam pesadas, eu sei, mas ela falou em tom muito gentil.

– Não é uma desculpa – concordei –, mas ajuda muito a explicar. E é justo dizer que, quando montamos esta equipe, provavelmente poderíamos ter previsto o que ia acontecer.

Quinn fez uma expressão ligeiramente confusa.

– Quero dizer – acrescentei –, se soubéssemos quais eram seus Talentos Profissionais.

Max fez então a pergunta mais importante, que exigiu certa coragem:

– Então o que devo fazer? Nunca serei bom nos detalhes como Makena, Kirstin e Kristen, e talvez nem mesmo tão bom quanto Shane. Talvez eu não seja feito para isso.

Houve um silêncio surpreso após essa declaração corajosa. Jasper me surpreendeu com o que disse logo em seguida:

– Eu vejo a coisa assim, e odeio admitir, mas foi o Bull que me ensinou. – Ele se virou para Max. – Se você se encaixa na nossa cultura, aqui é o seu lugar. Se não se encaixa, provavelmente temos que liberar você para o mercado.

Novo silêncio, até Jasper ir adiante:

– E posso afirmar com segurança que você se encaixa na nossa cultura. Nós só estamos colocando você na função errada, e a culpa disso é nossa.

– E em que função ele deveria estar? – perguntou Makena.

– Não sei – reconheceu Jasper –, mas não pode ser só cuidando de detalhes e acompanhamento. – Parecia que ele tinha terminado de falar, mas então continuou: – Poxa, se a gente colocar o Bull nessa função, ele vai fracassar. Eu sei, era eu quem salvava a pele dele quando ele tinha a sua idade.

Max concordou, relutante, com a cabeça. Então perguntou:

– E se não tivermos uma função que se encaixe nos meus talentos?

Outra afirmação corajosa. Eu estava gostando cada vez mais do Max.

– É possível – admiti –, mas não é algo para pensar neste exato momento.

– E quando é, então, que a gente deveria pensar nisso? – perguntou Quinn.

– Temos que descobrir como usar cada um nesta equipe. Imagino que algum talento do Max possa ser útil para mais alguém.

– E como faz para saber isso? – indagou Max.

– Não sei – respondi. – Mas aposto que descobrimos em vinte minutos.

A equipe pareceu confusa.

Então Jasper falou:

– Eu aposto meu dinheiro no Bull. Já vi ele fazer isso antes.

O DIAGNÓSTICO

Comecei focando nas frustrações de cada um no trabalho: as duas áreas de menor talento de cada um.

– Ok, três de vocês têm Invenção e Reflexão como áreas de frustração.

Circulei as duas palavras no quadro. Todos olhavam para ele como se fosse uma equação matemática. Fui em frente:

– E Max é o único que tem Invenção como talento. Além disso, uma das competências dele é Reflexão.

Mais contemplação. Testas franzidas. Cálculos.

– Portanto, enquanto grupo, pessoal, vocês não são lá muito bons para bolar ideias novas nem para fazer as perguntas certas que poderiam levar a uma ideia nova. – Eu não queria que eles me achassem severo, então esclareci: – Enquanto grupo, é isso que o perfil de vocês apontaria.

Eles concordaram, o que talvez significasse que eu não os ofendera.

Foi Kirstin quem falou depois:

– O jeito como nos organizaram faz com que não tenhamos muita Reflexão ou Invenção. Caramba, nem Discernimento.

Jasper e Quinn se entreolharam e pareciam constrangidos. Pedi a Kirstin que explicasse.

– Pois então – disse ela, com certa cautela –, na fase em que nos envolvemos com um projeto, vocês – ela apontou para mim, Quinn e Jasper – já fizeram a maior parte do pensamento criativo geral.

Os demais baixinhos continuavam assentindo. Ela prosseguiu:

– Então, no fim a gente acaba fazendo mais o trabalho de implementação.

Fiz a grande pergunta:

– E como é que vocês se sentem em relação a isso? É frustrante?

Os baixinhos se entreolharam, para saber quem responderia primeiro. Por fim, Kristen tomou a palavra:

– Eu gostaria de praticar mais meu Talento de Discernimento.

Todos concordaram, exceto Makena. Max falou:

– É isso. Não me levem a mal, porque sei que todos temos que fazer o trabalho pesado, mas seria incrível se eu pudesse me envolver um dia nas partes criativa e estratégica das coisas. Acho que eu seria muito melhor nisso.

Assenti, mas não sabia exatamente o que responder. Max me ajudou.

– Só que eu preciso pagar minhas contas – acrescentou.

Foi então que retruquei de maneira bem direta:

– Isso é uma tremenda bobagem.

Todos ficaram espantados, Max muito mais do que todos. Esclareci imediatamente meu comentário:

– O que você disse não é bobagem, Max. Não foi o que eu quis dizer.

Ele voltou a respirar.

– O que eu quis dizer é que essa história de pagar contas é bobagem. Principalmente quando significa fazer coisas que não fazemos direito só para provar que merecemos fazer aquilo que fazemos direito. – Fiz uma pausa. – Deu para entender?

Algumas cabeças concordaram, mas, surpreendentemente, foi Makena que se identificou, mais do que todo mundo, com aquilo que eu tinha dito.

– Ouçam – anunciou ela, com um sorriso no rosto que parecia misturar empolgação e medo. – Eu amo o que faço atualmente.

Não faço questão de ser promovida para uma função em que não sou boa. – Ela olhou para Max. – Você quer trabalhar com o lado mais estratégico e criativo das coisas, certo?

Ele assentiu.

– Eu não – declarou ela, de forma enfática. – Tenho noção de que isso não é coisa que se diga, e que se espera que todos nós sejamos estrategistas, criativos e tudo mais. Mas eu sou mais do estilo implementador. E ficaria muito frustrada se vocês me pedissem para participar de projetos antes que alguém tivesse definido o caminho e o planejamento.

Tive uma revelação.

– Era assim em várias agências onde trabalhei. Eles contratam as pessoas para uma função e aqueles que são bons nela são promovidos para outras funções, que exigem habilidades diferentes. Muitas vezes essas pessoas não vão bem na nova posição porque eram muito mais adequadas para a anterior, enquanto aqueles que seriam ótimos na nova função nunca são promovidos porque são fracos na antiga.

Jasper estava olhando para mim boquiaberto.

– Repita tudo isso.

Todos caíram na gargalhada.

– Ok, sei que é meio confuso, mas entenderam o que eu quis dizer?

– Sim – Makena afirmou. – Não me promova para um cargo que não quero e não me faça me sentir uma fracassada só porque quero fazer o que faço atualmente.

– E não obriguem o Max a provar que ele é bom em algo que ele não é só para poder fazer aquilo em que ele é bom – Kirstin acrescentou.

Agora Jasper olhava fixamente para Makena e Kirstin.

– Repitam tudo isso.

Felizmente, ele explicou em seguida:

– Estou brincando. Já entendi. Faz todo o sentido.
– A solução tem que estar nas equipes – Quinn interveio.
– Acho que concordo – respondi. – Mas fale mais sobre isso.
– Bem, quando se monta uma equipe para um projeto, o ideal é ter todos os talentos. Se você focar demais na descrição de cargos e nos níveis de experiência, a coisa desanda.

Jasper assumiu a partir desse ponto:
– Quando o projeto necessita de Invenção e Discernimento, encontre uma pessoa que tenha os dois e utilize-a. Deixe-a passar o máximo de tempo possível fazendo aquilo.

– Temos que organizar melhor nosso trabalho... nossos projetos, nossos grupos de clientes, nossos programas... de acordo com os talentos necessários e fazer o melhor possível para colocar as pessoas nos papéis que elas desempenham melhor – resumi.

– E quando não for possível fazer isso? – perguntou Quinn.

– Nem sempre será possível. Nada funciona de maneira tão perfeita nunca. Todos nós temos que encontrar um jeito de nos esforçarmos e fazermos o melhor possível quando não estivermos na nossa área de excelência ou nem sequer de competência. Mas, se isso acontecer 20% ou 30% do tempo em vez de 70%, todos vamos ficar muito mais felizes. E mais eficientes.

– Pois bem. E agora? – perguntou Jasper.

– Agora a equipe de líderes tem que repensar como organizamos e escalamos as pessoas no trabalho. De cima para baixo. E talvez – fiz uma pausa –, só talvez, encontremos uma forma de manter o Max entre nós.

Dessa vez Max abriu um grande sorriso, e eu sabia em que precisaria me concentrar nos próximos dias e semanas.

Provas

Daquele momento em diante, fiquei totalmente convicto de que aquela história de Talento Profissional não era apenas uma desculpa conveniente para minha rabugice no trabalho. Eu havia testemunhado o que aquilo fizera por Chris e por minha equipe de líderes. Tinha dado certo na igreja. Tinha servido para (talvez) manter Max e prevenir problemas futuros com Makena.

Como se não bastasse, Anna disse que foi a melhor coisa que eu já tinha feito no trabalho. O fato de ter ocorrido por acidente, e de não estar entre as atribuições da minha empresa, em quase nada diminuía meu entusiasmo.

Nas duas semanas seguintes passamos quase metade do tempo no escritório repensando como trabalhar de outra forma, agora que compreendíamos e éramos capazes de descrever de maneira efetiva nossos pontos fortes e pontos fracos inatos. Cada reunião que fazíamos, cada conversa no corredor, subitamente ficou salpicada de referências a Discernimento, Arrebatamento, Tenacidade, aos talentos e às frustrações. E isso sem qualquer esforço!

Em um mês, todos estavam mais empolgados do que jamais estiveram desde que fundáramos a agência, quatro anos antes. Porém, como Jasper adorava dizer: "Quem liga para empolgação? O que interessa é o trabalho!"

O fato é que estávamos produzindo mais, em menos tempo, e nos divertindo mais do que imaginamos ser possível.

Porém talvez o melhor jeito de explicar os "seis talentos profissionais", como passamos a chamar, seja contar a história de uma reunião com um cliente ocorrida exatamente três meses – eu fui checar – depois da criação do modelo. Eu bem que gostaria de ter gravado aquela reunião, mas acho que consegui recriar os diálogos com uma precisão superior a 8%.

A REUNIÃO COM O CLIENTE

Amy e eu estávamos no Hospital St. Luke, o maior da região, na nossa primeira reunião de planejamento com a chefe do marketing e sua equipe, assim como o CEO e o chefe do RH, que pediram para participar. Também levamos conosco uma equipe expandida, algo que eu havia começado a fazer algumas semanas antes. Quanto mais talentos tivéssemos na sala, maior a probabilidade de não deixarmos passar algo importante.

Naquele dia específico, levamos Max e Chris. Chris seria importante porque aquele se tornaria um de nossos maiores clientes, e a habilidade dele para Arrebatar dependeria da compreensão do que iríamos fazer e por que iríamos fazer. Chris começou a participar, mais do que antes, das reuniões com clientes, o que fazia uma enorme diferença na coordenação e no acompanhamento.

Max também foi porque eu precisava de mais alguém na sala para me ajudar a Inventar e Discernir simultaneamente. A conta do hospital incluiria vários projetos, e precisávamos mostrar ao nosso cliente que éramos capazes de ser criativos e adaptáveis, a fim de conquistar a confiança deles.

Esse tipo de reunião inicial costuma ser longo, para dar ao cliente tempo de expor detalhadamente suas necessidades, repassar o que fez nos anos anteriores e apresentar de modo geral nossas ideias sobre como ajudá-lo. É algo estratégico, bem mais específico que uma videoconferência de vendas, sem chegar a ser uma apresentação detalhada de peças de marketing.

O CEO, um sujeito muito alto chamado Joseph, deu o pontapé inicial, explicando que o marketing e a publicidade de um hospital, principalmente de um hospital ligado a uma igreja, não tinham apenas o objetivo de aumentar a receita – embora, claro, fosse necessário cuidar das finanças –, mas também de desenvolver a marca do hospital e ajudar a comunidade a se conectar com a cultura da organização.

– Fizemos o trabalho de pesquisa, Joseph – expliquei a ele –, mas gostaria de ouvir de você que cultura é essa.

Joseph franziu a testa, mas pelo simples motivo de que estava pensando no que dizer.

– Pois é – principiou –, eu vou ser franco com você. Nós temos uma lista de valores e um painel de slides e cartazes espalhados por todo o hospital divulgando nossa cultura. – Ele fez uma pausa e olhou de lado para o chefe do RH, com um ar que só consigo descrever como "incomodado". – Mas não tenho certeza se essa cultura é autêntica como precisa ser.

Olhei para o chefe do RH, um sujeito mais ou menos da minha idade, que também ficou um pouco nervoso.

– Explique o que você quer dizer – pedi.

– Bem, nós nos orgulhamos de ter uma cultura positiva, otimista, atenta. Como todo hospital hoje em dia. Mas quando caminho pelos corredores, à noite, e às vezes até à luz do dia, simplesmente não vejo nem sinto isso.

Chris fez a pergunta antes de mim:

– Qual é a diferença entre a experiência noturna e a diurna?

Joseph deu um sorriso.

– Durante o dia tem mais pessoas no hospital que sabem quem sou, e tenho quase certeza de que elas fazem uma forcinha extra por minha causa. À noite, posso andar por aqui anonimamente e acho que dá para ver melhor a realidade.

Na sala, várias pessoas assentiram. Joseph devia ter razão.

– O que exatamente você vê que o desagrada?– Amy foi a próxima a falar.

– Bem... – Joseph respirou fundo. – Não é que nosso pessoal seja grosseiro, desatento, nada disso. – Ele refletiu um pouco. – Mas não dá para dizer que parecem comprometidos, entusiasmados ou genuinamente apaixonados pelo que fazem como eu gostaria que fossem. Quer dizer, o negócio deles é salvar e cuidar de vidas humanas, que são preciosas, e quero que sintam isso no fundo do coração. Quero que os pacientes sintam que isso emana da equipe.

– Você acha que eles podem estar com *burnout*? – perguntei.

Ele balançou a cabeça.

– Não. Estamos sempre bem atentos ao *burnout*. Claro, pode haver um ou outro setor onde falta pessoal, mas não é a regra. E nas pesquisas internas que fazemos, e quando converso com as pessoas nos meus passeios da madrugada, os que não me conhecem dizem que se sentem mal utilizados e frustrados.

– Acho que uma das vantagens de uma boa campanha de marketing é que ela vai atingir tanto nosso pessoal quanto os pacientes e a comunidade – foi a vez da chefe do marketing intervir.

O chefe do RH concordou, entusiasmado.

– Concordo com você – eu disse a ele, daquele meu jeito direto. – Mas é muito importante alinhar a realidade com a mensagem ou o tiro pode sair pela culatra.

Parte do pessoal de marketing fez uma cara confusa, então prossegui:

– Vocês já viram, nos aviões, aquela mensagem de vídeo ridícula que passam no começo do voo, antes das instruções de segurança? São aqueles funcionários com brilho nos olhos, ou às vezes o presidente da empresa, declarando quanto se importam com os passageiros e com a companhia, e como estão prontos a fazer tudo que for necessário para que seu voo seja uma experiência incrível.

Agora as pessoas estavam concordando.

– Pois bem, como vocês se sentem quando assistem àquilo?

Um membro da equipe de marketing disparou:

– Não sei bem ao certo como expressar. Mas é tosco. Dá a impressão de que estão mentindo para mim.

– E me faz sentir pena dos comissários de bordo – acrescentou outra pessoa. – Fico olhando para eles e sempre tenho a impressão de que estão se esforçando para não fazer cara feia. Acho que ninguém sai ganhando com esses vídeos idiotas.

– Isso mesmo – concordei. – Tanto o cliente como o funcionário sentem que é falso. É isso que chamei de sair pela culatra.

Foi a vez de a chefe do marketing falar:

– Entendi o que você está dizendo, mas acho que não tem relação com o nosso caso aqui. Não somos hipócritas assim, mas com certeza nossa forma atual de agir não reflete como queremos ser vistos.

– E não estamos perdendo funcionários para outros hospitais ou outras empresas. As pesquisas internas mostram bons resultados. É como se eles resolvessem ficar, mas se conformassem com o fato de que não dá para fazer melhor – pronunciou-se, por fim, o chefe do RH.

Nesse momento, Max interveio:

– Pessoal, vocês deviam conhecer nosso programa do Talento Profissional.

Como Max era bem mais novo do que nós e até então permanecera em silêncio, suas palavras capturaram a atenção de todos um pouco mais que o normal.

– Como disse? – perguntou a chefe do marketing, com interesse genuíno.

Um pouco mais nervoso agora que todos estavam atentos a ele, Max explicou:

– Bolamos essa ferramenta simples em nosso escritório para descobrir aquilo em que as pessoas são naturalmente boas e naturalmente ruins. Isso mudou na mesma hora nosso jeito de trabalhar. Poxa, eu não estaria aqui nesta reunião se não tivéssemos feito isso.

O chefe do RH endireitou-se na cadeira.

– Quanto tempo levaria?

– Bem, eu diria que mudou nossa cultura de trabalho em poucas semanas, até menos.

– Não. – O vice-presidente de RH sorriu. – Quanto tempo leva para fazer essa avaliação?

Foi minha vez de intervir:

– Olha, não temos uma avaliação. Só tentamos descobrir o que nós somos enquanto grupo. – Olhei para Amy. – Mas uma avaliação não seria má ideia.

Joseph voltou a falar:

– Você disse que mudou a cultura da sua empresa em poucas semanas? – Ele olhou para mim, com ar levemente incrédulo.

– Mais ou menos isso. – Dei de ombros. – Quer dizer, a mudança foi imediata para alguns. Mas precisamos de algumas semanas para descobrir do que se tratava e então implementar na agência.

– Quanto tempo leva para explicar? – o sujeito do RH perguntou.

Instintivamente, olhei para o relógio. Tínhamos o dia inteiro, e dava para eu fazer um resumo em vinte minutos. Olhei para Amy, que deu de ombros e concordou com a cabeça ao mesmo tempo, dando-me permissão para ir em frente.

– Acho que consigo expor tudo em menos de meia hora.

Os clientes, mais ou menos uns dez, se entreolharam como se estivessem à espera de que alguém dissesse: "Está bem, vamos lá." Então Chris falou:

– Funciona pra valer. Mudou minha carreira da noite para o dia.

– Vamos lá, então – disse Joseph, e todos toparam.

Não vou mentir. Nunca fiquei tão empolgado para apresentar algo a um cliente em toda a minha carreira.

Paixão

Durante os 25 minutos seguintes apresentei o modelo, do começo ao fim. Expliquei os seis tipos de trabalho e como eles se encaixam. Descrevi as diferenças entre os talentos, as competências e as frustrações de cada um. Expliquei até os estágios do trabalho: idealização, ativação e implementação.

Amy e Chris fizeram intervenções constantes para ajudar a explicar certas sutilezas e nuances. Max até contou sua história.

Não estou mentindo ao dizer que os clientes estavam totalmente envolvidos com aquilo que eu estava apresentando. Fizeram perguntas, sofreram para entender os conceitos e ajudaram-se mutuamente para identificar a maioria de seus talentos e frustrações. No fim, Chris foi para o quadro e escreveu aquilo que tempos depois descreveríamos como o "mapa de talentos" da equipe de marketing.

Achei que a cabeça do chefe do RH ia explodir. Ou implodir. Seja lá o que aconteça com quem fica muito empolgado.

Até mesmo Joseph perguntou como ele poderia usar aquilo com sua equipe de líderes.

Uma hora depois, a equipe de marketing havia reorganizado parte do departamento. Por mais incrível que pareça, na verdade era bastante óbvio o que eles precisavam fazer, mas só depois de se darem conta de que as pessoas estavam com papéis trocados e que isso atrapalhava tudo.

O chefe do RH (acho que agora é hora de lhe dar um nome:

Ken. Eu não tinha notado quanto ele participa da história) nos disse que conhecia uma empresa local que podia nos ajudar a realizar uma avaliação. Ele queria nos ajudar a trabalhar com a equipe de executivos, com a própria equipe dele e com a chefe da enfermagem e sua equipe.

Por fim, retomamos a parte de marketing e publicidade do encontro, que ficou muito mais relevante e objetivo. E o mais impressionante de tudo – sim, mais impressionante do que tudo que já tinha acontecido – foi a forma com que eles adotaram o vocabulário dos tipos de talento.

Em determinado momento, Mary, a chefe do marketing, disse: "Eu não vou Arrebatar ninguém aqui, então, pessoal, não pensem que vou mandar vocês saírem fazendo o que vou dizer agora. Acabei de ter uma ideia nova e preciso que vocês façam aquela parte que começa com D... como é mesmo? Discernimento?" Uau. Ela havia usado os termos quase exatamente como eles deviam ser usados e todos entenderam o que quis dizer. Isso pouquíssimo tempo depois de terem sido apresentados ao modelo!

No fim do dia, Joseph anunciou ao grupo:

– Preciso dizer a todos vocês que a equipe executiva, a minha equipe de liderança – ele olhou para Mary e Ken, que pertenciam a ela –, passa quase tempo nenhum na parte de Reflexão sobre o trabalho. Não gastamos tempo suficiente ponderando e fazendo perguntas. Mergulhamos direto na implementação. Não admira que não consigamos impregnar o hospital de mais espírito de missão e de significado concreto por trás daquilo que fazemos.

Quando encerramos a reunião, com apertos de mão entusiasmados, nós quatro fomos para o estacionamento fazer um balanço.

Na hora em que a porta da minivan de Amy fechou, Chris foi o primeiro a falar:

– Gente, o que foi aquilo? – Ele parecia verdadeiramente confuso.

– É assim que essas reuniões costumam ser? – perguntou Max, brincando.

Amy simplesmente começou a gargalhar.

– Alguém aqui já se divertiu tanto assim no trabalho antes? – Era uma pergunta retórica. – Eu nem sei como descrever.

Amy não parava de rir.

A REUNIÃO DE EQUIPE

Na manhã seguinte, eu mal podia esperar para contar a Quinn, Jasper e Lynne o que tinha acontecido no dia anterior. Infelizmente, Chris chegou antes de mim e contou tudo.

Claro, Amy e eu tínhamos muito a acrescentar quando a reunião começou, e o restante da equipe, mesmo não tendo estado conosco no hospital, parecia mais animado do que eu previa.

E Jasper tinha sua própria história para contar.

– Minha banda fez a coisa do Talento Profissional ontem à noite e decidimos nos separar.

Jasper era o baixista de uma banda de rock clássico de Reno, chamada Instant Replay, que tocava composições próprias e covers em festas e eventos corporativos. Curiosamente, ele não parecia tão aborrecido com o destino de sua banda.

– É, a gente andava bem mal já fazia um ano, mais ou menos, e não sabíamos por quê. E, no fim, é porque quatro de nós têm o talento da Invenção. Eu sou o único que não tem.

– Por que isso é um problema? – perguntou Lynne.

– Porque todos querem compor as músicas e liderar a banda. Eles ainda acham que vão ficar famosos, e eu não me importo de ficar lá atrás, tocando baixo e vendo as pessoas se divertirem.

– Você vai parar de tocar, então? – perguntou Amy.

– Nananão. Acho que vou só procurar uma banda que esteja precisando de um baixista e seja um pouco mais equilibrada. Menos drama.

– E o pessoal ficou chateado? – indaguei.

– Sabe... – Jasper refletiu um pouco. – Eles deixaram tudo bem claro. Quero dizer, quando concordaram que todos eram Inventores, eles mesmos admitiram que não daria certo. Para ser franco, acho até que ficaram meio aliviados.

– Ok, pessoal. Vamos começar. Temos um probleminha para resolver, um problema bom, mas ainda assim um problema. – Chris encerrou o assunto.

Todos prestamos atenção nele.

– Dois clientes nossos têm exigido mais de nós. Muito mais. E acho que não vamos dar conta de tudo com nossa equipe atual.

Tentei desanuviar o clima:

– Ei, agora que o Jasper saiu da banda, tempo é o que não falta para ele.

Todos acharam graça, menos Chris.

– Bull, o negócio é o seguinte. Você e Amy têm vendido um monte ultimamente por aí. E isso é ótimo. – Ele fez uma pausa. – Quer dizer, aquele negócio de ontem foi fantástico.

Ele fez uma pausa mais longa que o normal, e dava para ver que estava com medo de dizer o que estava pensando.

– Anda logo, Chris. Desembucha. Numa boa.

– Bem, eu não tenho certeza de que vocês têm total consciência do que é necessário para executar todas as suas ideias.

O que ele disse não me incomodou nem um pouco, por isso fiz o possível para parecer aberto:

– O que você entende por "ter consciência"?

– Vocês costumam subestimar o que é preciso para a parte da implementação do trabalho.

Senti um alívio enorme!

– Ok, entendi. E concordo. Eu faço isso mesmo. Estava com medo de você dizer que não dou valor às pessoas que executam essas tarefas.

– Não, eu sei que você dá valor. Mas a verdade é que costuma ignorar nossa preocupação sobre o volume de trabalho e sobre o que é preciso para realizar o serviço – interveio Jasper.

– Acho que é porque os talentos dele são Invenção e Discernimento – Quinn me defendeu.

– E as frustrações dele são Facilitação e Tenacidade – acrescentou Jasper.

– O que não serve como desculpa – relembrou-me Quinn. – Mas faz sentido.

Eu concordei, um pouco envergonhado:

– Eu sei, eu sei. Tenho tendência a achar que o trabalho vai sair, de um jeito ou de outro. Assumo isso. Além de ficar mais atento, o que mais posso fazer para ajudar?

– Pode deixar a gente contratar mais pessoas com F e T – disse, sabendo que todos nós entenderíamos o que ele queria dizer. E acrescentou: – Sei que você gosta que tudo seja enxuto aqui, e que sempre demos um jeito de resolver, mas a coisa está começando a decolar e precisamos nos antecipar ao problema.

Aquilo fez sentido para mim. Mas acho que minha criação humilde me deixou com medo de gastar muito e me arrepender depois. Foi aí que a pessoa certa falou.

– Eu concordo com ele. – Era Lynne. – Minha intuição me diz que estamos prestes a levar um tombo se não trouxermos um punhado de gente capaz de carregar o piano.

Quinn levantou a mão e falou:

– Concordo totalmente.

Duas pessoas com Discernimento da minha equipe estavam de acordo e, embora meu receio me deixasse em dúvida, meu instinto me dizia que Chris estava com a razão. Se eu acreditava no Talento Profissional, e eu acreditava, como poderia negar a veracidade do que estava sendo dito?

– Pode fazer.

Chris pareceu surpreendido. Repeti:

– Vamos contratar mais cinco pessoas. E vamos nos certificar de que a maioria tenha os talentos da Tenacidade ou da Facilitação. Um Arrebatador também viria a calhar.

– Uau – disse Chris. – Geralmente leva bem mais tempo para convencer você de algo assim.

– É, e esse é um defeito meu. Mas o que você disse é sensato e não há motivo para esperar.

Amy tinha uma pergunta:

– E como vamos achar pessoas com base no talento delas? Mesmo que a gente já tivesse uma avaliação, será que não é contra a lei?

– Tecnicamente, é – explicou Chris. – Não podemos avaliar as pessoas antes de decidir contratá-las. Pode gerar viés ou discriminação, ou algo do gênero.

– Mas, se isso ajuda você e a pessoa a saber se ela vai dar certo, não é bom? – perguntou Jasper.

Chris deu de ombros.

– Não tem problema. Não precisamos de uma avaliação para isso – disse Quinn. – Vamos explicar às pessoas exatamente o que elas vão fazer, sem promover demais, fazendo parecer fácil.

Amy franziu a testa, confusa. Quinn prosseguiu:

– Vamos ser tão transparentes com as pessoas em relação ao trabalho, os detalhes, o suporte, o acompanhamento e – fez uma pausa – a Tenacidade que, se elas não gostarem, vão fugir correndo.

– Mas você não acha que isso pode apavorar as pessoas? – perguntou Amy.

– Você acha que Makena, Chris ou Jasper ficariam apavorados se fizéssemos isso?

Amy olhou para Chris e Jasper.

Eles estavam balançando a cabeça, sorridentes.

– Esse trabalho me deixaria muito empolgado – disse Jasper.
– As pessoas certas vão topar, e as outras não. É ridículo de tão simples, e acho que vai dar certo. Por que alguém iria querer um emprego que parece horroroso? E, se alguém tentar fingir, vamos perceber. "Diga-me, sr. ou sra. Candidato ao Emprego, por que você quer enfrentar os obstáculos, focar nos detalhes, levar um projeto até o fim mesmo quando todo mundo já está pensando no projeto seguinte? Porque, se você não amar o que faz, vai odiar esse emprego e nós vamos sentir a mesma frustração que você. Mas, se ama fazer essas coisas, vai ficar mais feliz que pinto no lixo."

Demos risada.

– E aí você continua e explica os seis tipos de Talento Profissional, para que estejam cientes de que estamos procurando os dois últimos. Não pode ser contra a lei. É só a verdade – acrescentei.

E foi o que fizemos. Em três meses, contratamos seis pessoas novas – sim, mais do que achávamos que íamos precisar –, e em poucas semanas sabíamos que tínhamos encontrado as pessoas certas. Nunca havíamos focado tão bem nos talentos de que necessitávamos e na identificação desses talentos nos candidatos que entrevistamos. E nunca mais contratamos ninguém sem usar os seis tipos de Talento Profissional.

Pula-sela

Em um ano, ocorreram duas coisas extraordinárias, que jamais poderíamos ter previsto.

Primeiro, a empresa dobrou de tamanho e quadruplicou sua receita. A certa altura, passamos a recusar clientes.

Segundo, pelo menos um terço do nosso trabalho entrou no modelo do Talento Profissional.

Mas levou mais um ano até tudo mudar de verdade. E isso começou com aquilo que chamo de "a ligação".

Era de manhã cedo e as únicas pessoas no escritório eram Lynne, Bella e eu. Em geral, Bella não me passava ligações, mas Lynne estava no banheiro.

– Bull na linha. Em que posso ajudar?

– Oi, Bull, meu nome é Kathryn e eu queria saber se você trabalharia com a nossa empresa.

– Olá, Kathryn. Fale-me da sua empresa.

– Olha, somos uma empresa de tecnologia na região da baía de São Francisco. Ouvi falar muito bem do seu escritório e acho que vocês poderiam nos ajudar.

– Bom ouvir isso. Kathryn, você é a chefe do marketing?

– Não, sou a presidente da empresa.

– Uau – respondi. – Em geral quem nos liga primeiro é o chefe do marketing.

– É mesmo? – respondeu Kathryn, e mesmo pelo telefone deu para notar que ela ficou perplexa. – Você me deixou surpresa.

– Pois é – expliquei –, a maioria dos presidentes deixa o vice-presidente de marketing escolher quem vai atendê-lo nessa área.

– Ah – ela respondeu –, eu não liguei por causa do marketing. Achei que vocês fossem consultores de produtividade.

Antes de digerir totalmente o que ela disse, tentei responder:

– Ah, não, somos uma agência-butique focada em...

E foi aí que minha ficha caiu.

– Espere um instante, Kathryn. O que, exatamente, você está procurando?

– Bem, fiquei sabendo, por meio de um amigo empresário, gestor de uma empresa em Reno, da história dos seis tipos de talento no trabalho, ou coisa parecida. Ele falou que é fantástico, e é disso que preciso.

Fiquei pasmo.

– Então você não precisa de ajuda nenhuma com marketing?

– Não – respondeu ela, confiante. – Vai tudo bem nessa área. Mas nossa produtividade e nosso ânimo andam baixos e não sabemos o que fazer. Daria para vocês nos ajudarem?

Nesse dia a Jeremiah Marketing virou a Jeremiah Consultoria, com dois departamentos: Marketing e Publicidade, nosso serviço original, e Transformação de Ambientes Profissionais, focado em produtividade, trabalho em equipe e recrutamento.

Quando contei isso tudo a Anna naquela noite, ela disse uma coisa que se revelou ainda mais precisa do que eu teria imaginado:

– Sabe, Bull, meu palpite é que um monte de outras empresas por aí precisa de ajuda na parte de pessoal mais do que na parte de marketing.

Por mais que eu quisesse, não tinha como discordar da minha esposa. E mal podia esperar para começar.

Epílogo

Dez anos depois do advento da Jeremiah Consultoria, nosso departamento de Transformação de Ambientes Profissionais tinha se tornado dez vezes maior que o de Marketing e Publicidade. Diante da crescente escassez de mão de obra no mercado, descobrimos que a demanda por avaliação, retenção e motivação de bons funcionários se tornou mais crucial, do ponto de vista competitivo, do que em qualquer época na história moderna do trabalho.

Em consequência, passei a maior parte do meu tempo dedicado a esse negócio, não apenas para fazê-lo crescer e ajudar nossos clientes, mas para aplicar seus princípios à nossa própria equipe. E posso dizer, com sinceridade, que nunca em toda a minha carreira amei tanto o meu trabalho. Quase nunca fico irritado.

O melhor de tudo: o Talento Profissional se infiltrou em todos os aspectos da minha vida. Anna e eu deixamos de lado qualquer culpa desnecessária pelo fato de nenhum dos dois ter Tenacidade e aprendemos a contar com os outros para nos auxiliar com projetos e responsabilidades que considerávamos complicados. Também trabalhamos arduamente para compreender os talentos e as frustrações de nossos filhos, ajustando nossos estilos e expectativas de criação. A tensão em casa diminuiu drasticamente. Como eu queria ter feito isso dez anos antes! E enquanto nos preparávamos para algum tipo de semiaposentadoria – gosto demais do meu trabalho para passar metade do dia jogando golfe e pescando –, Anna e eu decidimos organizar nossas atividades de modo mais adequado a nossos talentos.

No fim das contas, passei a acreditar, mais do que nunca, que o propósito do trabalho é dar dignidade e realização a todos, e que Deus criou cada um de nós para contribuir de forma singular. Mais do que tudo, o Talento Profissional me permitiu entender a melhor maneira de ajudar minha empresa, minha equipe e minha família.

Para além das atividades cotidianas pessoais e profissionais, eu, Jeremiah Octavian Brooks, possuo agora um senso profundo de que fiz e continuo a fazer aquilo que Deus me criou para fazer. E realizo tudo isso com gratidão, por saber que é uma dádiva.

Explorando o Modelo

Contexto

ORIGENS

Lembro que, quando eu era pequeno, meu pai costumava chegar em casa aborrecido com uma coisa que ele chamava de "trabalho". E, embora eu não chegasse a entender o que era "trabalho", isso me incomodava e me deixava chateado por ele.

Foi só quando eu mesmo comecei a trabalhar que descobri que os empregos eram uma constante fonte de frustração para as pessoas, e que entre as causas para isso estavam chefes ruins, lideranças empresariais fracas, relacionamentos conturbados com colegas e gente obrigada a realizar tarefas que não combinavam com seus dons e talentos naturais.

Pois bem, tive a felicidade de passar grande parte da minha carreira tentando ajudar as pessoas a encontrar dignidade e realização no trabalho, por meio da melhoria de gestão, liderança e trabalho em equipe. Porém posso afirmar que nunca tive a expectativa de fazer algo inovador em relação a ajudar as pessoas a compreender seus dons e alinhá-los com o trabalho. Até junho de 2020.

Eu lidava havia vários anos com minha própria insatisfação profissional, o que me intrigava, porque tinha aberto uma empresa com bons amigos, adorava a área e gostava genuinamente de meus colegas. Mesmo assim, como o personagem Bull, eu me via inexplicavelmente exausto e irritado o tempo todo.

Naquela manhã de junho, depois de uma série de reuniões que fizeram minha satisfação com o trabalho aumentar, cair e aumentar de novo no espaço de uma hora, minha colega Amy me fez a pergunta crucial: "Por que você gosta disso?" Por algum motivo, decidi que seria um bom momento para diagnosticar meu problema. E isso levou a uma conversa de quatro horas da qual, sem querer, saí com os seis tipos de Talento Profissional.

Assim que um esboço do modelo tomou forma no quadro branco do meu escritório, as luzinhas começaram a piscar em meu cérebro. Aspectos importantes da minha vida começaram a fazer sentido.

Por exemplo, compreendi finalmente por que, quando eu era criança, realizava com alegria algumas tarefas domésticas que meus pais me atribuíam e resistia a outras. Agora eu sabia por que, na faculdade, o relógio parecia andar depressa em algumas aulas, mas praticamente parava, ou até parecia andar para trás, em muitas outras. E podia até explicar o porquê do meu fracasso em meu primeiro emprego e por que dei certo em outros. O melhor de tudo, porém, é que entendi as razões de estar constantemente frustrado com minha situação atual, tanto profissional como pessoal. Era nada mais, nada menos que uma tremenda revelação pessoal.

A partir daquele dia, eu e minha equipe trabalhamos para transformar essas sacadas iniciais em avaliações individuais, que mais de 250 mil pessoas já usaram para identificar seus talentos e melhorar as próprias carreiras e equipes. Também criamos um podcast dedicado ao Talento Profissional; um programa de certificação para profissionais que queiram ensinar e utilizar o Talento Profissional nas próprias práticas e empresas; e uma ferramenta para ajudar grupos a usar esse conceito na transformação do trabalho em equipe.

Por fim, escrevi este livro para explicar tudo isso melhor.

DEFININDO O TRABALHO

Antes de entrar no modelo propriamente dito, preciso esclarecer que *trabalho* é um termo genérico que se aplica a quase todo aspecto da vida, extrapolando o que normalmente chamamos de "emprego". Seja abrindo uma empresa, lançando um novo produto, dando suporte a clientes, organizando uma ONG, gerindo o banco de alimentos de uma igreja ou planejando as férias da família, estamos trabalhando. Estamos realizando coisas.

Considerando essa definição ampla, não seria exagero dizer que a maior parte das horas que passamos acordados inclui algum tipo de trabalho, às vezes solitário, porém mais frequentemente com outras pessoas.

Acredito que todo trabalho deva ser dignificante e satisfatório, tanto em termos da experiência em si como dos frutos que ele produz. E embora todo tipo de trabalho exija fazer coisas que nem de longe são empolgantes, e às vezes entediantes ou frustrantes, tudo que pudermos fazer para ajudar a nós mesmos e os outros a tirar o máximo proveito dele é válido.

O primeiro e mais importante passo para isso é compreender que cada um de nós aprecia tipos distintos de trabalho; em seguida, descobrir qual desses tipos é o que mais nos convém. Se atravessarmos a vida sem compreender nossos dons naturais, não poderemos esperar nada além de sorte para nos surpreendermos fazendo aquilo que amamos. O Talento Profissional, em primeiríssimo lugar, é uma forma de possibilitar a qualquer pessoa identificar esses dons. Tudo começa por aí.

Agora, analisemos detalhadamente o modelo.

Modelo e avaliação

A DEFINIÇÃO DOS SEIS TIPOS

REFLEXÃO   DISCERNIMENTO   FACILITAÇÃO

INVENÇÃO   ARREBATAMENTO   TENACIDADE

O Talento da Reflexão tem a ver com a capacidade de ponderar, especular e questionar o atual estado de coisas, fazendo perguntas que provocam respostas e ação. Quem possui esse talento tem inclinação natural a fazer isso. Tem facilidade em mergulhar na observação do mundo à própria volta e em refletir se as coisas não deveriam ser diferentes, ou se existe potencial inexplorado que deva ser aproveitado.

O Talento da Invenção é puramente uma questão de trazer novas ideias e soluções. Quem o possui é atraído pelo que é original, criativo e engenhoso no sentido mais autêntico dessas palavras, mesmo recebendo poucas instruções e contextualização. Embora todos os tipos sejam talentos, são estes os mais frequentemente tratados como geniais, porque suas ideias parecem surgir do nada.

O Talento do Discernimento está relacionado ao instinto, à intuição e ao bom senso inexplicável. Quem o possui tem uma capacidade natural para avaliar uma ideia ou situação, mesmo dispondo de poucos dados ou pouca experiência. Usando o reconhecimento de padrões e o instinto, é capaz de oferecer conselhos e feedback preciosos sobre os mais variados temas, de uma forma que transcende o próprio nível de conhecimento ou a informação específica.

O Talento do Arrebatamento se refere à capacidade de arregimentar, motivar e provocar as pessoas a tomar atitude em relação a uma ideia ou iniciativa. Quem possui esse dom tem inclinação natural a inspirar e mobilizar os outros, envolvendo-os em um empreendimento. Não se incomoda de persuadir as pessoas a repensar ou alterar os próprios planos para embarcar naquilo que vale a pena.

O Talento da Facilitação envolve proporcionar às pessoas o suporte e a assistência necessários. Quem possui esse talento é perito em responder às necessidades dos demais sem impor condições ou restrições. Tem inclinação natural a ajudar os outros a atingir as próprias metas, e muitas vezes é capaz de antecipar a necessidade alheia. Indivíduos com o Talento da Facilitação muitas vezes nem sequer percebem que o possuem.

O Talento da Tenacidade diz respeito à satisfação de levar as coisas até a linha de chegada. Quem o possui é não somente capaz, mas naturalmente inclinado a terminar os projetos, certificando-se de que foram concluídos conforme o exigido.

Obtém energia da superação de obstáculos e da constatação do impacto do próprio trabalho, e sente contentamento ao riscar tarefas da lista.

TALENTOS, COMPETÊNCIAS E FRUSTRAÇÕES

Ninguém pode afirmar possuir todos os talentos. Todos nós temos áreas em que vamos bem, áreas em que vamos mal e áreas que ficam mais ou menos entre umas e outras. Vamos dar uma olhada em cada uma dessas três categorias, porque o sucesso exige compreender os aspectos em que brilhamos, bem como aqueles em que não brilhamos.

Categoria 1: Talento Profissional

Cada um de nós tem duas áreas que são consideradas nossos verdadeiros talentos. São aquelas atividades que nos trazem alegria, energia e paixão. Em consequência, costumamos ser bastante bons nelas. O ideal para nós, e para as organizações em que atuamos, é fazer a maior parte do nosso trabalho, se não todo ele, nessas áreas.

Categoria 2: Competência Profissional

Duas das seis áreas de "talentos" seriam consideradas nossas "competências" profissionais. São atividades que não consideramos nem totalmente insuportáveis nem totalmente empolgantes e que executamos bastante bem, às vezes até muito bem. A maioria de nós é capaz de operar bem, dentro de suas competências, durante algum tempo, mas, no fim das contas, fica desgastada por não poder exercer seus verdadeiros talentos.

Categoria 3: Frustração Profissional

Por fim, cada um de nós tem dois tipos de trabalho que sugam nossa alegria e nossa energia. Damos a eles os nomes de frustrações profissionais. Em geral, penamos com essas atividades. Evidentemente, ninguém pode evitar ter de fazer um trabalho esporádico nessas áreas de frustração, mas, quando essas atividades nos tomam um tempo significativo, tendemos a ficar insatisfeitos no trabalho e, no fim das contas, a sofrer ou até fracassar.

Vale a pena fazer aqui uma pergunta: por que os indivíduos têm dois talentos, e não um, ou três? Essa constatação veio dos milhares de pessoas que testaram o modelo. Para cada indivíduo que inicialmente achou que *poderia* ter mais de dois talentos, outros 99 cravaram dois. E em um enorme número de casos, quando perguntamos àqueles que achavam ter mais de três (houve até uma pessoa que jurou possuir todos os seis!) de onde obtinham *energia e felicidade*, eles se contentaram com dois.

Uma boa maneira de compreender a diferença entre Talentos, Competências e Frustrações Profissionais é pensar no café e em como ele retém calor e energia.

O Talento Profissional é como uma garrafa térmica que enchemos de café quente e fechamos bem. O calor e a energia na garrafa vão durar por muito, muito tempo. Da mesma forma, quando trabalhamos dentro de nosso Talento, nos mantemos energizados e motivados por um tempo quase indefinido.

A Competência Profissional é mais como servir café em uma xícara comum e cobri-la com um pires ou nem cobri-la. O café ficará quente durante algum tempo, porém, no fim, vai esfriar. Quando trabalhamos em nossas áreas de Competência Profissional, somos capazes de sustentar certo nível de energia durante algum tempo, mas no fim ela se dissipa e perdemos o ânimo.

A Frustração Profissional é como servir café em uma xícara com um buraquinho no fundo. O calor daquele café, e até o próprio café, dura um curtíssimo período. Quando trabalhamos em nossas áreas de frustração, é difícil sustentar qualquer nível de paixão ou energia, mesmo por pouco tempo.

TALENTOS REATIVOS VERSUS TALENTOS DISRUPTIVOS

Outra forma importante de analisar os seis tipos de Talento Profissional é definir se determinado talento é mais "reativo" ou "disruptivo". Isso é importante porque os talentos reativos tendem a reagir a um estímulo externo para entrar em ação. Também se pode fazer referência a eles como "contidos" em comparação com seus pares disruptivos. Os talentos disruptivos, por sua vez, geralmente dão início ou provocam a mudança quando enxergam a necessidade dela, mesmo quando os outros não estão necessariamente pedindo mudanças. São mais proativos na forma de interagir com um projeto ou iniciativa.

Algumas pessoas terão dois talentos reativos, o que significa que elas podem relutar um pouco mais a tomar uma atitude. Algumas terão dois talentos disruptivos, o que as torna mais propensas a provocar uma atitude. Evidentemente, outras terão um de cada tipo.

Esse mix de reativo e disruptivo pode ser útil quando queremos confirmar nossos talentos. Também é importante para nos auxiliar a compreender por que as pessoas interagem de determinada forma com o entorno, o que nos ajuda a evitar avaliações imprecisas ou peremptórias sobre a atitude ou a aptidão alheias.

```
         REFLEXÃO      DISCERNIMENTO    FACILITAÇÃO
            ⚙              ⚙              ⚙
REATIVOS
- - - - - - - - - - - - - - - - - - - - - - - - - - -
DISRUPTIVOS
            ⚙              ⚙              ⚙
          INVENÇÃO      ARREBATAMENTO    TENACIDADE
```

Os três talentos *reativos* são Reflexão, Discernimento e Facilitação.

Quem possui o Talento da Reflexão reage ao entorno, observa a organização, o processo ou o mundo à sua volta de modo a gerar perguntas. Não se propõe, necessariamente, a mudar o mundo. Simplesmente toma consciência dele, o aceita e permite que suas observações se desdobrem.

Quem possui Discernimento reage às ideias ou propostas dos Inventores, dando feedback, avisos ou conselhos. É parte importante do processo de inovação, mas não é necessariamente quem o provoca. Além da inovação, muitas vezes reage, e até interfere, naquilo que o mundo põe à sua frente.

Quem possui Facilitação reage aos pedidos expressados pelos outros, na maioria das vezes alguém do Arrebatamento em busca de apoio. Está pronto a prover o que for necessário e chega a ser tão bom nisso que providencia tudo antes mesmo de lhe haverem pedido ou especificado. Mas, em geral, não dá apoio enquanto não for preciso.

Os três talentos *disruptivos* são Invenção, Arrebatamento e Tenacidade.

Quem possui Invenção enxerga um problema e propõe uma solução inovadora, que desafia o estado atual das coisas. Saboreia a oportunidade de criar um caos produtivo, agregando, assim, valor a uma situação.

O que possui Arrebatamento como Talento Profissional é claramente o mais disruptivo. Dá início a uma mudança arregimentando as pessoas, conclamando-as a aderir a um projeto ou programa. Recruta, organiza e inspira os demais, o que, por definição, causa ruptura nas prioridades em relação àquilo que precisa ser feito.

Quem possui Tenacidade é disruptivo ao identificar obstáculos ou barreiras e avançar para rompê-las. É determinado a completar projetos, não importa o que vier pelo caminho. Viabiliza toda mudança necessária para alcançar o sucesso, a despeito do que precise desfazer ao longo do processo.

É comum que as pessoas valorizem mais os talentos disruptivos que os reativos. Evidentemente, isso é indevido e perigoso. Ao longo do trabalho, talentos reativos e disruptivos se alternam, criando uma espécie de equilíbrio e sinergia que são necessários. Sem o questionamento ou a observação da Reflexão, por exemplo, não há necessidade de Invenção. E, sem o Discernimento sobre a ideia de um inventor, o conceito original tem bem menos chance de êxito. Sem a Facilitação, o mais convincente Arrebatador não conseguirá fazer um projeto decolar. Não há dúvida de que reativos e disruptivos são igualmente valiosos em um processo de trabalho eficiente.

Agora que fizemos uma análise relativamente detalhada do modelo e de algumas de suas sutilezas, vejamos um exemplo de relatório de Avaliação do Talento Profissional.

AVALIAÇÃO E RELATÓRIO

De longe, a forma mais eficaz de descobrir os talentos, as competências e as frustrações de uma pessoa é preencher a Avaliação do Talento Profissional e revisar o relatório gerado instantaneamente a partir dela.

A avaliação, em si, é um questionário com 42 perguntas que leva cerca de dez minutos para ser preenchido. Disponível apenas em inglês, ela é paga e pode ser encontrada em workinggenius.com. Assim que termina de responder, o usuário recebe um relatório com os resultados e orientações sobre como interpretá-los. Embora o processo seja quantitativo, sempre é importante que o usuário compreenda o modelo para os raros casos em que o resultado não refletir fielmente seus Talentos Profissionais. Isso pode ocorrer quando o questionário é preenchido incorretamente ou há uma compreensão equivocada das perguntas. Repito: isso é raro, mas vale a pena perder alguns minutinhos a mais para rever a descrição de cada talento.

A melhor forma de compreender o relatório é analisando um deles. Vamos usar o meu como exemplo:

O QUE SEUS RESULTADOS QUANTITATIVOS INDICAM

TALENTO PROFISSIONAL:
Suas *prováveis* áreas de Talento Profissional são **Invenção** e **Discernimento**.

Você é naturalmente hábil para a criação de ideias e soluções originais e inovadoras, e obtém energia e contentamento ao fazer isso.

Você é naturalmente hábil para usar sua intuição e seus instintos a fim de avaliar e analisar ideias ou planos, e obtém energia e contentamento ao fazer isso.

COMPETÊNCIA PROFISSIONAL:

Suas *prováveis* áreas de Competência Profissional são **Reflexão** e **Arrebatamento**.

○ Você é competente em ponderar a possibilidade que possui maior potencial e oportunidade em dada situação, e não se importa de fazer isso.

○ Você é competente em arregimentar pessoas e inspirá-las a tomar uma atitude em relação a um projeto, tarefa ou ideia, e não se importa de fazer isso.

FRUSTRAÇÃO PROFISSIONAL:

Suas *prováveis* áreas de Frustração Profissional são **Tenacidade** e **Facilitação**.

○ Você *não é* naturalmente hábil para, nem obtém energia em, conduzir projetos e tarefas até o término, garantindo que os resultados desejados sejam atingidos.

○ Você *não é* naturalmente hábil para, nem obtém energia em, incentivar e assistir outros em projetos e ideias.

Como você pode ver, meus dois Talentos Profissionais (as atividades das quais extraio energia e contentamento, e que a maioria das pessoas consideraria meus pontos mais fortes) são Invenção e Discernimento. Invenção indica que eu adoro ter ideias novas. Sinto-me confortável em gerar novas propostas, produtos e soluções do zero. Na verdade, até prefiro assim. Discernimento indica que eu também adoro avaliar ideias. Confio na minha intuição para pesar e tomar decisões, mesmo dispondo de poucos dados ou conhecimento limitado na área. Confio no meu instinto, assim como outros confiam em mim também.

No emprego dos meus sonhos, pessoas viriam o dia inteiro trazer para mim problemas importantes que precisam ser resolvidos, deixando que eu proponha uma solução inovadora. É nessas horas que eu brilho. Também adoraria que as pessoas viessem a mim com suas próprias ideias e me pedissem para avaliá-las usando meu instinto. Sou abençoado por ter a possibilidade de fazer esse tipo de trabalho o tempo todo na minha função atual. Como você pode imaginar, elaborar esse modelo e aperfeiçoá-lo foi um prazer!

Minhas duas Competências Profissionais (as atividades que não me importo de fazer e nas quais sou razoavelmente competente) são Arrebatamento e Reflexão. Arrebatamento significa que sou bastante capaz de arregimentar as pessoas em torno de uma nova iniciativa ou ideia, e Reflexão significa que não me incomodo de ponderar e levar em conta o estado de coisas de uma empresa ou do mundo. No entanto, como esses não são meus Talentos Profissionais, trabalhar em excesso nessas atividades acaba me deixando exausto.

Sei disso porque, durante anos, fui o principal, se não o único, Arrebatador da minha empresa. Todos achavam que eu desempenhava esse papel por gostar dele, mas eu estava apenas preenchendo uma lacuna. E, como isso me impedia de fazer o que mais gosto (Invenção e Discernimento), acabou me sobrecarregando. O mesmo vale para a Reflexão: não me importo de realizá-la durante algum tempo, mas fico *rapidamente* impaciente analisando ideias e quero passar à criação de soluções, mesmo quando há necessidade de maior reflexão.

Por fim, minhas duas Frustrações Profissionais (as áreas que drenam minha energia e meu contentamento) são Facilitação e Tenacidade. Facilitação significa que não gosto nem sou muito bom em ajudar os outros com projetos *nos termos deles*. Tenacidade significa que não gosto nem sou bom em levar um projeto ou iniciativa até a conclusão depois de encerrado o estágio das ideias. Embora, é claro, eu tenha às vezes que executar atividades de Facilitação e Tenacidade, isso me traz pouca satisfação e me esgoto rapidamente se permanecer nesses papéis por muito tempo. Além do mais, fico tentado a buscar formas de colocar em prática minha Invenção e meu Discernimento para dar assistência e completar tarefas, mesmo quando não é aconselhável nem necessário.

Preciso reconhecer que é difícil admitir que a Facilitação me deixa frustrado. Fico com a impressão de não ser um cara legal. O problema é que gosto mesmo de ajudar as pessoas, mas tenho dificuldade em não usar, ao ajudar, a Invenção e o Discernimento. Quando alguém (e digo isso pedindo desculpas a Laura, minha esposa) me pede para fazer alguma coisa exatamente como essa pessoa quer que seja feita, eu desanimo. Não é uma desculpa, e sim uma explicação de como funciono. Outros fazem isso com bastante facilidade e competência, e eu os admiro sinceramente. Quanto a Tenacidade, sou conhecido por querer passar à próxima tarefa antes que a anterior esteja completada. Na verdade, no instante em que escrevo esta parte do livro, já comecei a trabalhar no início do próximo. Tracy, minha editora, não está particularmente contente com isso. Foi mal, Tracy.

Hoje tento passar o maior tempo possível inventando e discernindo. Eu me envolvo com alegria quando se exigem tanto Arrebatamento como Reflexão, embora tome o cuidado de me certificar de que outros que também tenham esses talentos sejam incentivados a executar essas tarefas mais do que eu. E faço o possível para evitar usar Facilitação ou Tenacidade. Quando é inevitável, porém, tento me esforçar, sabendo que em breve retornarei à Invenção e ao Discernimento.

Quanto a meus talentos serem disruptivos ou reativos, podemos constatar que tenho um de cada categoria. Sou disruptivo porque um deles é Invenção, o que significa que crio ideias que levam a mudanças, mas também sou reativo porque o outro é

Discernimento, o que significa que reajo a ideias e propostas alheias. Portanto, tenho certo equilíbrio nessas áreas. Algumas pessoas descobrirão que seus dois talentos estão em uma só categoria, disruptiva ou reativa, e nesses casos o impacto disruptivo ou reativo será acentuado.

Esse foi um panorama bastante rápido, mas detalhado, de como o Talento Profissional descreve uma pessoa – neste caso, eu. No entanto, minha forma de interagir com o restante de minha equipe é uma questão muito mais ampla, e tão importante quanto. Na próxima seção vamos explorar tudo isso.

O MAPA DE PRODUTIVIDADE DA EQUIPE

AS TRÊS FASES DO TRABALHO

O que distingue os seis tipos de Talento Profissional de outras ferramentas é sua aplicação às atividades específicas relacionadas a qualquer tipo de trabalho em grupo. Assim, o modelo é extremamente prático para quem lidera equipes, projetos e organizações.

Acho que vale a pena observar que, durante a elaboração desse modelo, e antes que eu compreendesse plenamente os seis tipos, identifiquei de início três fases do trabalho. Foi a partir dessas fases que emergiram os tipos.

Vamos dar uma rápida olhada em cada uma delas antes de explorar os seis tipos no contexto das equipes.

O primeiro estágio do trabalho, a *Idealização*, é composto tanto de Reflexão quanto de Invenção. É a fase associada à identificação de necessidades e à proposição de soluções. A inovação costuma estar conectada a este estágio. Antes que ocorra a Invenção, alguém tem que fazer uma pergunta central ou identificar uma necessidade não atendida. É o primeiro passo crucial em qualquer tipo de trabalho e proporciona o contexto para a Invenção.

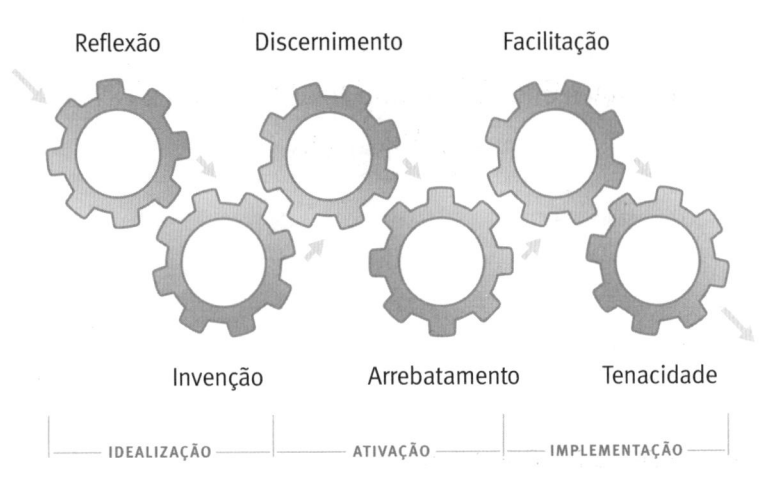

```
    Reflexão      Discernimento      Facilitação
      (engrenagens)
    Invenção      Arrebatamento      Tenacidade
|—— IDEALIZAÇÃO ——|—— ATIVAÇÃO ——|—— IMPLEMENTAÇÃO ——|
```

O segundo estágio do trabalho, a *Ativação*, é composto por Discernimento e Arrebatamento. Consiste em avaliar os méritos das ideias ou soluções propostas durante a Idealização e em seguida engajar as pessoas em torno das que forem dignas de ação. A maioria das empresas sequer se dá conta da existência desse estágio (tratarei disso adiante), o que as leva a pular do primeiro estágio, a Idealização, para o terceiro e último...

O terceiro e último estágio do trabalho, a *Implementação*, é composto de Facilitação e Tenacidade. É simplesmente a fase de execução. Seja respondendo ao chamado para agir, seja impulsionando a ação até os estágios finais, são talentos que garantem que ótimas ideias, aquelas que passaram pelo Discernimento e pelo Arrebatamento, efetivamente sejam aproveitadas pela organização.

A peça que falta

Pois bem, como mencionei acima, a parte mais importante da compreensão dessas três fases é reconhecer a existência da

Ativação, a fim de não pular diretamente da Idealização para a Implementação. Quando as organizações dão esse salto e ignoram a Ativação, muitas vezes se assustam com o baixo índice de sucesso. E, para piorar, passam por um processo doloroso, desnecessário e improdutivo de encontrar culpados e trocar acusações. Eis como isso acontece.

Os responsáveis pela Idealização ficam frustrados quando suas ideias não são aproveitadas e culpam os Implementadores, indagando por que não colocam em prática suas fantásticas invenções. Ao mesmo tempo, os Implementadores ficam frustrados com a falta de sucesso e indagam por que os Idealizadores não trouxeram ideias melhores para implementar. Isso é muito comum.

Sem uma Ativação adequada, nem mesmo as boas ideias serão devidamente aprovadas, modificadas e aprimoradas (Discernimento), e a equipe não será devidamente informada e inspirada (Arrebatamento). Por meio da simples compreensão da natureza e da importância da Ativação, muitas equipes são capazes de realizar melhorias imediatas e significativas para êxito de suas iniciativas.

AS SEIS ATIVIDADES FUNDAMENTAIS EM TODO TIPO DE TRABALHO EM EQUIPE

No fim das contas, todo empreendimento coletivo envolve – e exige – cada um dos seis Talentos. Quando um único deles falta, o fracasso e a frustração se tornam muito mais prováveis. Isso ocorre porque cada tipo de Talento complementa os demais. É por isso que decidimos apresentar o modelo como uma série de engrenagens, com dentes interdependentes (na verdade, a ideia foi da minha esposa. Agradeço muito a ela!).

Vejamos como cada um desses Talentos se encaixa no fluxo geral de qualquer empreendimento profissional.

Reflexão

O primeiro estágio do trabalho exige que alguém levante a questão certa, cogite a possibilidade de um resultado melhor, faça um alerta ou simplesmente especule sobre o atual estado de coisas. "Teria um jeito melhor?" "A empresa atual é a melhor possível?" "Alguém mais sente que tem algo errado em nossa maneira de lidar com os clientes?" "Está na hora de tirarmos férias?"

Invenção

O estágio seguinte exige responder a essas perguntas criando uma solução, elaborando um planejamento, propondo uma nova ideia ou projetando uma abordagem inovadora. "Tive uma ideia!" "O que acham deste plano?" "E se ajudarmos assim os nossos clientes?"

Discernimento

O terceiro estágio é uma questão de avaliar e reagir à ideia que surge da Invenção. Exige analisar a proposta, dando feedback em relação à solução ou aprimorando o método. "Meu instinto me diz que seria uma ótima ideia." "Tenho a forte impressão de que nem tudo está certo em relação a estes valores." "Acho que precisamos aperfeiçoar um pouco mais nossa ideia de produto antes de apresentá-la ao mercado."

Arrebatamento

Quando o plano ou a solução é aprovado e considerado válido, o estágio seguinte exige que alguém arregimente as pessoas, escolha quem vai ajudar a implementá-lo ou inspire o grupo a abraçá-lo. "Ei, pessoal, ouçam a ideia que ela teve!" "Vamos todos nos unir em torno desses valores." "Quem se prontifica a fazer o serviço de atendimento ao cliente funcionar?"

Facilitação

Em seguida, alguém precisa responder a esse chamado para agir, disponibilizar-se, concordar em fazer o que for necessário para a solução decolar e seguir em frente. "Estou dentro para ajudar com essa ideia." "Contem comigo em relação a esses valores." "Adoraria ajudar com os clientes; me avisem quando precisarem de mim."

Tenacidade

Por fim, alguém precisa completar o projeto, terminar o programa, passar pelos obstáculos para garantir que o trabalho seja realizado conforme especificado. "Vamos seguir em frente, porque essa ideia nova ainda não é realidade." "Ok, vamos fechar esta parte e definir esses valores, para enviá-los para a direção aprovar até hoje à noite." "Pode deixar, eu completo a base de dados de clientes para você."

Eis um resumo bastante simplificado de como tudo isso funciona: Reflexão identifica a necessidade de mudança; Invenção cria a solução; Discernimento avalia e aperfeiçoa a solução, posicionando-a para a ação; Arrebatamento reúne as pessoas que vão agir; Facilitação propicia apoio e capital humano; e Tenacidade garante que o trabalho seja completado, atingindo os resultados desejados.

Evidentemente, nenhum trabalho se encaixa perfeitamente em um processo completamente lógico, linear e organizado. É muito mais complicado que isso. O mais importante é lembrar que, de uma ou outra maneira, todo projeto em equipe ou empreendimento coletivo envolve essas seis atividades, geralmente nessa ordem.

AUSÊNCIA DE TALENTOS

Quando um grupo de pessoas embarca em determinado tipo de trabalho, é essencial que cada um dos seis tipos esteja adequadamente disponível. Veja o que pode ocorrer quando um deles falta.

A *falta de Reflexão* pode levar uma equipe a deixar de usar o tempo para recuar um pouco e ponderar sobre o que está acontecendo. Questões culturais, oportunidades de mercado e problemas em potencial podem ser ignorados quando se está tratando de questões mais urgentes.

A *falta de Invenção* em uma equipe apresenta problemas evidentes. Em muitos casos, a equipe se sente um pouco confusa ao perceber que o jeito antigo de fazer as coisas não está dando certo e que chegou a um impasse ao tentar os mesmos métodos repetidamente, sem êxito. Einstein diria que essa é uma das definições da insanidade.

A *falta de Discernimento* é um enorme problema nas equipes, muitas vezes difícil de ser notado. Isso porque o Discernimento não é fácil de observar, de identificar ou, até mesmo, de comprovar. Porém isso não o torna menos real. Quando esse Talento falta a uma equipe, ela se vê tomando decisões com confiança excessiva em estatísticas e modelos, quando seria melhor simplesmente usar o bom senso. As equipes ficam perplexas quando analisam decisões equivocadas tomadas no passado, questionando-se como cometeram erros tão grosseiros.

A *falta de Arrebatamento* é relativamente fácil de identificar nas equipes, por ser um dos Talentos mais visíveis. Quando ninguém está conclamando as tropas ou instigando uma atitude, nem mesmo as melhores ideias são aproveitadas e o potencial da equipe fica inexplorado. Em situações assim, ouvimos as pessoas dizerem: "Temos tantas ideias ótimas, mas ninguém aqui parece empolgado com elas."

A *falta de Facilitação* em uma equipe é um problema evidente, mas às vezes ignorado, porque é comum as pessoas não encararem a Facilitação como um Talento. Mas, quando a equipe carece dele, surge um sentimento de frustração por ninguém se oferecer para ajudar nem responder de forma adequada aos apelos do Arrebatador. A Facilitação pode ser encarada como o que dá liga à equipe, proporcionada por pessoas que obtêm energia e contentamento ao responder a um pedido de ajuda. Sem ela, o êxito se torna improvável. Até as equipes de executivos mais experientes precisam de gente que saiba responder aos apelos, dando suporte para que a equipe progrida em todos os níveis.

Sem Tenacidade, programas, projetos e outras tarefas não são concluídos. Muitas startups estão repletas de gente com os Talentos da Reflexão, da Arrebatamento, do Discernimento e do Facilitação, mas, sem alguém com Tenacidade, ninguém salta as barreiras nem ultrapassa os obstáculos nos estágios finais e cruciais do trabalho. Toda equipe bem-sucedida, em qualquer nível, precisa de pessoas que simplesmente apreciem ver as coisas finalizadas.

Preenchendo as lacunas

Existem maneiras de as equipes preencherem possíveis lacunas em relação aos seis tipos. A primeira é *contratar* pessoas que possuam o Talento que falta. Evidentemente, isso nem sempre é possível nem viável de imediato. A segunda é *pegar emprestado* alguém de dentro da organização. Por exemplo, pode-se convidar alguém de outra equipe que possua o Talento em falta para participar de reuniões importantes e contribuir nas horas necessárias. A terceira é *encontrar pessoas dentro da equipe que possuam o Talento em falta entre suas áreas de competência* e confiar nelas para preencher a lacuna. Mas essa solução precisa ser temporária, pois pode resultar em *burnout* ou ressentimento mais tarde.

ALTITUDE

Outra forma interessante de enxergar os Talentos está relacionada aos diferentes níveis de "altitude" em que eles ocorrem. Em um processo de trabalho hipotético, as coisas nascem na "estratosfera" e costumam "descer", em ordem sequencial, até o trabalho estar terminado "no solo".

Vamos observar como funciona a altitude antes de explicar sua vantagem na prática.

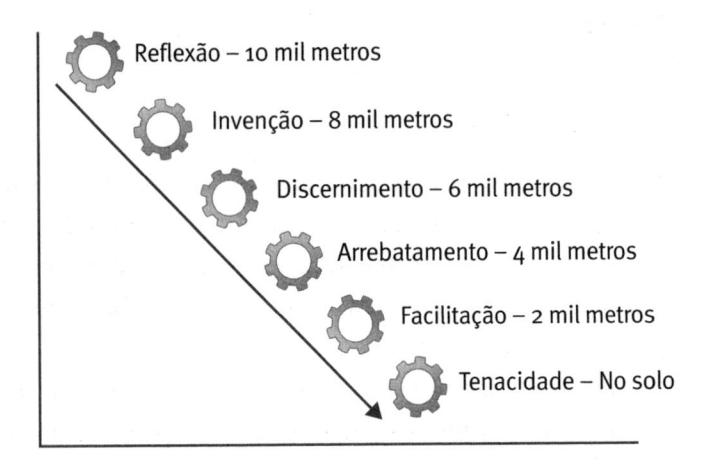

- Reflexão – 10 mil metros
- Invenção – 8 mil metros
- Discernimento – 6 mil metros
- Arrebatamento – 4 mil metros
- Facilitação – 2 mil metros
- Tenacidade – No solo

A Reflexão ocorre na maior altitude, quando nossa cabeça está nas nuvens. Conjecturar, questionar e especular ocorrem muito antes e muito longe do lugar e do momento em que os pneus tocam a pista, por assim dizer.

A Invenção vem em uma altitude um pouco inferior, mas ainda bastante elevada. Ela entra em campo quando uma pergunta é feita ou uma necessidade é atendida, mas ainda muito antes e bem acima da implementação.

O Discernimento pega a ideia em uma altitude pouco abaixo da Invenção, avaliando sua viabilidade e utilidade. Depois dessa validação, a ideia ou o empreendimento fica mais perto do "solo" (isto é, da implementação).

O Arrebatamento vem na sequência, empregando o capital humano necessário para implementar e bancar a ideia. As pessoas são inspiradas, recrutadas, arregimentadas e organizadas para dar apoio. A essa altura, o projeto está bem perto do chão.

A Facilitação é onde a implementação começa, quando as pessoas se disponibilizam e fazem a iniciativa ou o empreendimento avançar. É o começo do estágio final do trabalho.

A Tenacidade é onde o trabalho se completa. Chegamos ao solo. Os pneus tocam a pista.

A importância da altitude

Existem momentos no trabalho, durante as reuniões ou mesmo em meio a projetos, nos quais passamos de uma altitude para outra. É útil pensar nisso como uma espécie de "turbulência" quando aplicamos esse modelo a nossas equipes. Todos nós já participamos de sessões de brainstorming, em que nossas mentes estão nas nuvens, bolando ideias, basicamente no nível de altitude de 8 mil a 10 mil metros. De repente uma pessoa bem-intencionada da equipe começa a falar de táticas e de como vamos executar o planejamento. Isso causa desorientação. O avião cai 6 mil metros em questão de minutos. É preciso empregar uma quantidade importante de massa encefálica e energia emocional para lutar contra essa queda brusca, levando o avião de volta aos 8 mil metros, para dar continuidade ao brainstorming.

Da mesma forma, uma equipe pode atingir 90% de um projeto e estar firmemente na fase de Facilitação e Tenacidade (entre 2 mil metros e o nível do solo) quando, de repente, um refletidor ou inventor assume o controle hipotético do voo e diz alguma coisa do tipo "Será que esse é mesmo o melhor plano?" ou "Tive outra ideia!". E subitamente o avião sobe 6 mil metros minutos antes da aterrissagem. Peguem os saquinhos de vômito, porque todo mundo está prestes a passar mal.

CONVERSAS NO TRABALHO

Sempre que nos sentamos com outras pessoas para realizar um trabalho, precisamos compreender e concordar com o contexto desse trabalho e a natureza das conversas que precisaremos ter caso queiramos ser produtivos e evitar confusões desnecessárias. Falando de forma genérica, existem quatro tipos de conversa no trabalho, que correspondem aos diferentes conjuntos de Talentos Profissionais.

Brainstorming

A parte menos frequente, mas muitas vezes inicial, das conversas no trabalho envolve fazer perguntas, conjecturar sobre oportunidades, sugerir ideias e avaliar se elas vão dar certo ou não. É o chamado brainstorming, que está relacionado aos três primeiros Talentos Profissionais: Reflexão, Invenção e Discernimento. Quando todos à mesa compreendem isso, podem atuar nos limites desses Talentos, evitando derivar para outros que nessa etapa ainda não são relevantes. Quando se vai a uma sessão de brainstorming e se tenta agir com Arrebatamento, Facilitação ou Tenacidade, isso muitas vezes leva a pessoa a ficar frustrada – e frustrar os outros – tentando direcionar as discussões no sentido da ação antes da hora certa. Pessoas com os talentos que ainda não são exigidos muitas vezes se sentem impacientes durante brainstormings, tentando entender por que as que têm Reflexão, Invenção e Discernimento simplesmente não tomam uma decisão e seguem adiante. Em situações assim, elas precisam conscientemente evitar trazer a conversa para as próprias zonas de conforto. Quando não conseguem, devem evitar participar dessas reuniões (embora eu só recomende isso como último recurso).

Tomada de decisões

Outro tipo de conversa no trabalho tem a ver com chegar a uma decisão relacionada a uma ideia ou proposta. São discussões em torno do Discernimento, mas também envolvem certo grau de Invenção ("Vamos dar uma mexidinha nessa ideia") e Arrebatamento ("Vamos pensar num jeito de engajar as pessoas"). Durante essas sessões, uma boa ideia é evitar a Reflexão, pois o momento para esse tipo de conversa passou. Também é importante evitar a tentação de iniciar a implementação, que envolve Facilitação e Tenacidade, talentos que podem tentar as pessoas a se conformarem com uma decisão abaixo do ideal apenas para concluir o processo.

Lançamento

O tipo seguinte de conversa no trabalho tem a ver com motivar as pessoas em torno de uma decisão, engajando-as nas primeiras ações. Essa conversa está centrada em Arrebatamento e Facilitação, mas também envolve Discernimento, pois surgem perguntas por parte de quem tenta compreender em que barco está entrando. Deve-se evitar ao máximo a Reflexão e a Invenção nessas discussões, já que o momento desses talentos ficou para trás. A Tenacidade também não está plenamente envolvida, mas tem que estar presente, pois organizar um projeto novo sem uma ideia do que ele exigirá para ser concluído é receita para confusão desnecessária ao longo do caminho.

Revisão do status e solução de problemas

O último tipo de conversa que ocorre no trabalho envolve discussões periódicas sobre o progresso de uma iniciativa, assim como a identificação e resolução de quaisquer problemas e obstáculos que se coloquem no caminho da finalização. É uma conversa centrada no Arrebatamento inicial e em outros que se farão necessários, em Facilitação e, por fim, em Tenacidade. Quando os integrantes da equipe tentam exercitar a Reflexão ou a Invenção nessa etapa, em geral produzem caos e frustração. Até mesmo o Discernimento deve ficar limitado ao processo de superação de obstáculos táticos em vez de reavaliar a ideia ou proposta original.

A chave de tudo isso é verificar constantemente com os integrantes da equipe qual o objetivo de determinada conversa (ou reunião), certificando-se de que os Talentos exigidos estejam presentes ou representados durante cada uma dessas sessões. Por exemplo, quando todo mundo está alinhado e tem clareza em relação ao que precisa fazer, cada um recorrerá a seu Talento apropriado, evitando um vaivém entre outros que não sejam relevantes ou úteis.

COMO USAR O MAPA DE EQUIPE

Uma das formas mais poderosas e simples de aplicar o modelo de Talento Profissional a grupos é por meio do que chamamos de Mapa de Equipe. Basicamente, trata-se de um retrato visual e coletivo de Talentos e Frustrações dos membros da equipe, permitindo melhor compreensão mútua e ressaltando as carências e oportunidades mais óbvias para reposicionamento e organização.

O Mapa de Equipe abaixo é vagamente inspirado em minha própria equipe de oito pessoas no The Table Group, com alguns nomes trocados para proteger os inocentes. Note que cada seção inclui apenas os nomes dos membros da equipe que possuem Talentos ou Frustrações naquela área específica. Evidentemente, é fácil determinar quem tem Competência Profissional em certa área; caso o nome não esteja na lista de Talentos ou Frustrações, é porque pertence à categoria da Competência. O motivo para apresentar apenas os Talentos e as Frustrações é ressaltar onde a equipe pode ter mais problemas.

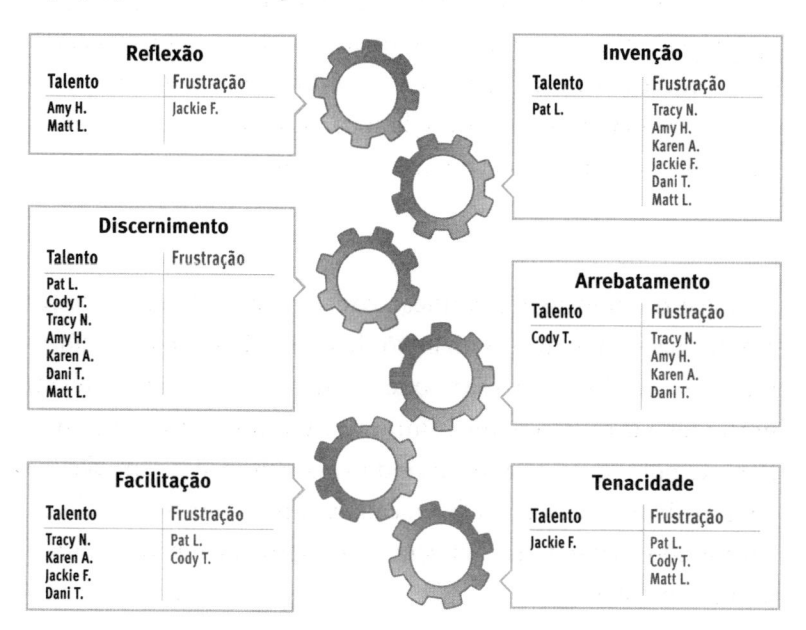

Reflexão

Talento	Frustração
Amy H.	Jackie F.
Matt L.	

Discernimento

Talento	Frustração
Pat L.	
Cody T.	
Tracy N.	
Amy H.	
Karen A.	
Dani T.	
Matt L.	

Facilitação

Talento	Frustração
Tracy N.	Pat L.
Karen A.	Cody T.
Jackie F.	
Dani T.	

Invenção

Talento	Frustração
Pat L.	Tracy N.
	Amy H.
	Karen A.
	Jackie F.
	Dani T.
	Matt L.

Arrebatamento

Talento	Frustração
Cody T.	Tracy N.
	Amy H.
	Karen A.
	Dani T.

Tenacidade

Talento	Frustração
Jackie F.	Pat L.
	Cody T.
	Matt L.

Até mesmo uma olhadela no mapa da minha equipe revela problemas claros.

Em primeiro lugar, perceba que a equipe tem apenas uma pessoa com o Talento da Invenção. Esse seria eu. Isso pode ou não ser um problema, a depender de uma série de fatores, entre eles a natureza do trabalho que realizamos e a quantidade de tempo que posso dedicar à Invenção. No nosso caso, tornou-se um problema, porque eu estava gastando uma quantidade absurda de tempo em outra área e essa área não estava entre meus talentos. Explicarei isso melhor em breve.

Em segundo lugar, note que a equipe tem apenas uma pessoa com Tenacidade. Da mesma forma, isso pode ou não ser um problema. No caso, foi. Falarei mais a respeito em breve.

Em seguida, perceba que há apenas uma pessoa na equipe com Arrebatamento. Não apenas isso: note quantas pessoas têm justamente Arrebatamento como área de frustração, o que significa que seria improvável que elas se dispusessem a motivar a equipe.

Por fim, há três outras coisas interessantes de notar no mapa. Um percentual elevado de pessoas na equipe tem o Discernimento. Também há muita gente que é genial na Facilitação. Isso significa que a tomada de decisões é, em geral, sensata, considerando os níveis de intuição coletiva.

Agora vamos voltar aos problemas em potencial, a começar pelo Arrebatamento. O único da minha equipe com esse talento é Cody, mas na época ele não estava em uma função que lhe permitisse engajar as pessoas. Como líder da equipe, o lógico seria que eu fosse o arrebatador principal. E, sendo essa uma das minhas áreas de Competência, eu fazia isso bastante bem. Por isso, gastava boa parte do meu tempo e da minha energia no Arrebatamento. Isso era um problema por dois motivos.

Primeiro, limitava a quantidade de tempo e energia que eu podia dedicar à Invenção, algo que me trazia contentamento e energia, e de que a equipe precisava. Segundo, eu estava ficando estressado de tanto ter que arrebatar. É isso que acontece quando gastamos tempo *demais* fazendo algo em que somos bons, mas que não é um talento nosso. Eu me frustrava quando via quanta Invenção era preciso realizar – o que eu tentava fazer à noite ou nos fins de semana – e lamentava ficar o tempo todo no Arrebatamento.

No fim das contas, eu não estava sozinho nesse suplício. Ter apenas um membro da equipe com Tenacidade era uma insuficiência ainda maior que a de Invenção. A maioria das empresas precisa de mais gente executando coisas do que tendo ideias novas. Um velho ditado diz que o trabalho é 10% inspiração e 90% transpiração. Não sei se esses números são precisos, mas sei que apontam na direção correta.

Uma das integrantes de nossa equipe, Tracy, tinha Tenacidade em sua área de Competência. Por também possuir o Talento da Facilitação, as pessoas viviam pedindo a ela que se envolvesse em processos relacionados à Tenacidade. Muito. Ela sempre dizia sim e, para ser bem sincero, executou extremamente bem. Durante muito tempo. Quando fizemos a análise do nosso Mapa de Equipe, ela disparou: "Esse é o problema! Estou muito cansada de fazer o trabalho de Tenacidade, mas parece que ele sempre acaba parando na minha mesa!" E eu sabia que Tracy tinha razão. Além disso, ela queria exercitar mais o Discernimento, um talento que de fato possui. Mas o tempo todo ela adiava esse tipo de trabalho porque tinha que terminar projetos.

Para piorar, dentre as inúmeras responsabilidades de Tracy, ela também é minha editora. Trata-se de um papel excelente para quem tem o Talento do Discernimento, avaliando as ideias alheias e proporcionando um feedback instigante. Pois bem, comigo sacrificando a Invenção em favor do Arrebatamento e Tracy deixando de lado o Discernimento para cuidar da Tenacidade, não surpreende que estejamos constantemente com o cronograma dos livros atrasado. Tão importante quanto isso, porém, era o fato de que tanto eu quanto Tracy estávamos vivenciando níveis crescentes de fadiga.

O mais fácil primeiro

Os problemas no interior do nosso departamento foram confirmados assim que vimos o relatório. Se quiséssemos melhorar nossa produtividade e nosso ânimo – e quem não quer? –, precisávamos reduzir a quantidade de tempo que Tracy passava na Tenacidade, e que eu, Pat, passava no Arrebatamento, a fim de contribuirmos mais nas áreas de nossos talentos. Seria bom tanto para a empresa quanto para nós, como indivíduos. Não era uma questão de parar completamente esse tipo de atividade – Tracy e eu sabíamos que precisávamos fazer coisas fora de nossos talentos –, e sim de reduzi-lo a níveis administráveis.

Tendo clareza disso, ficou muito mais fácil enxergar as respostas. Decidimos explorar o Talento de Arrebatador de Cody, pedindo a ele que realizasse reuniões diárias para manter a equipe focada e progredindo nas iniciativas táticas. Seu nível de contribuição e de motivação aumentou imediatamente, assim como minha sensação de liberdade e alívio! Hoje, ele é chamado Chefe do Arrebatamento.

Quanto à Tracy, concordamos que todos na empresa que possuíam Tenacidade como área de Competência precisavam dividir o fardo com ela. E Tracy precisava mostrar a todos como aquilo que ela estava fazendo a sobrecarregava, para aliviarmos um pouco o peso sobre seus ombros.

Fora isso, tínhamos uma compreensão clara dos talentos que nossos futuros contratados deveriam possuir. Recrutamos uma mulher fantástica, que tinha como talentos Discernimento e Tenacidade. Contratamos ainda um ótimo sujeito, que possuía tanto Invenção como Arrebatamento. É importante deixar claro que ambos tinham, antes de tudo, que se encaixar na cultura da nossa empresa, além de possuir os talentos que necessitávamos e que muitas vezes faziam falta.

O impacto de tudo isso em nossa produtividade (também conhecida como "capacidade de fazer mais em menos tempo") e nosso ânimo (também conhecido como "vontade de ir para o trabalho e paz de espírito na hora de ir embora") foi tangível. Sem o Mapa de Equipe do Talento Profissional, não seríamos capazes de enxergar os problemas com a mesma clareza nem tratar deles com tanta rapidez.

Eis outro exemplo de Mapa de Equipe que propiciou clareza e rapidez de ação para uma equipe.

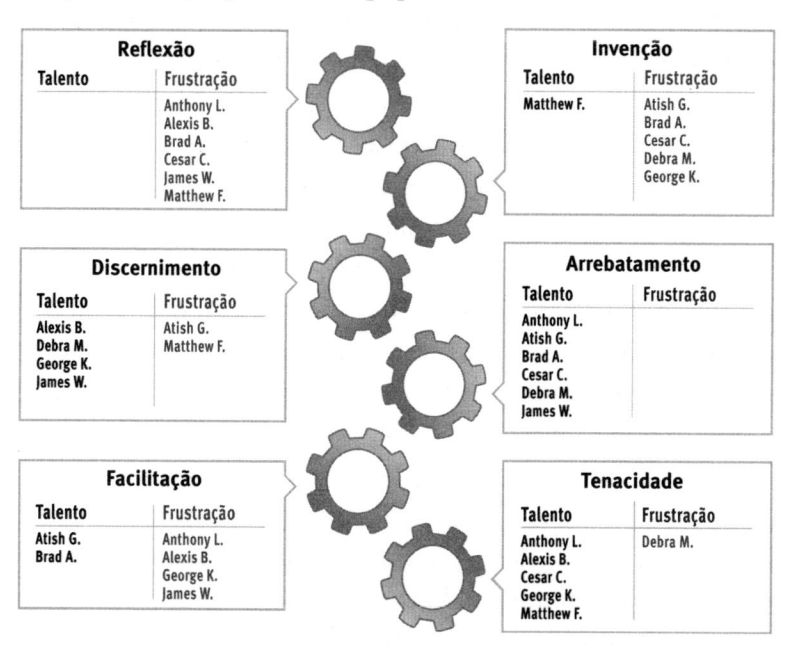

Reflexão

Talento	Frustração
Anthony L.	
Alexis B.	
Brad A.	
Cesar C.	
James W.	
Matthew F.	

Invenção

Talento	Frustração
Matthew F.	Atish G.
	Brad A.
	Cesar C.
	Debra M.
	George K.

Discernimento

Talento	Frustração
Alexis B.	Atish G.
Debra M.	Matthew F.
George K.	
James W.	

Arrebatamento

Talento	Frustração
Anthony L.	
Atish G.	
Brad A.	
Cesar C.	
Debra M.	
James W.	

Facilitação

Talento	Frustração
Atish G.	Anthony L.
Brad A.	Alexis B.
	George K.
	James W.

Tenacidade

Talento	Frustração
Anthony L.	Debra M.
Alexis B.	
Cesar C.	
George K.	
Matthew F.	

Trabalhei com a equipe de líderes de uma grande empresa de tecnologia que andava em desvantagem em relação aos concorrentes havia vários anos em termos de desenvolvimento de produtos e inovação. Sem surpresa, participação de mercado, receita e margem de lucro não estavam onde deveriam estar.

A empresa concordou em realizar a Avaliação do Talento Profissional, e devo reconhecer que eles não pareciam acreditar muito nisso. Muitos executivos eram céticos em relação a avaliações de personalidade. Eu não tinha certeza de como iam reagir.

Como você pode ver, ninguém na equipe tinha o Talento da Reflexão. E não só isso: essa era uma Frustração para grande parte da equipe. Além do mais, apenas um membro da equipe tinha entre seus Talentos Profissionais a Invenção, e era o advogado da empresa! Não esqueça que era uma empresa de tecnologia.

Logo depois de ver o relatório, um dos membros mais céticos da equipe disse: "Nosso problema está aqui. Nunca refletimos. Não levamos em conta o que está acontecendo no mercado, aquilo de que os clientes podem estar precisando, para onde estamos rumando. Só pensamos na Tenacidade, em realizar as coisas."

Mal pude acreditar que isso tenha vindo tão pouco tempo depois da constatação dos resultados. E dito por uma das pessoas mais improváveis. E ele disse mais: "Temos que começar a encontrar tempo para Reflexão e precisamos parar de fazer reuniões só para tratar de agendas, números e listas de tarefas." E todos concordaram. Francamente, eu estava incrédulo. Eles haviam diagnosticado o problema e aceitado o diagnóstico muito mais rapidamente do que se eu o tivesse mostrado como consultor.

Além de se comprometer a passar mais tempo na Reflexão, a equipe deu um passo além. Ao reconhecer e confirmar que o advogado tinha a Invenção como seu talento, a descrição de seu cargo foi alterada, incluindo a responsabilidade da aquisição de novas tecnologias. Ele ficou em êxtase pela oportunidade de utilizar seu Talento e a equipe ficou aliviada por ter alguém com esse dom encarregado de uma área de tanta importância. Garanto que era mínima a chance de tomarem uma atitude tão arrojada sem ter visto o problema apresentado de maneira clara no Mapa de Equipe.

O Talento Profissional e a saúde organizacional

Ao longo dos últimos 25 anos, todos nós no The Table Group temos trabalhado para tornar as empresas mais saudáveis e mais eficientes por meio de melhorias na liderança, no trabalho em equipe, na clareza, na comunicação e nos sistemas humanos. Sempre acreditamos, e continuamos a acreditar, que a saúde organizacional é ainda mais importante que a inteligência organizacional. Ao minimizar as políticas e a confusão, os líderes melhoram a produtividade, o engajamento e a lealdade, o que lhes permite viabilizar plenamente suas vantagens estratégicas e realizar o que organizações disfuncionais jamais poderiam sonhar.

E onde o Talento Profissional se encaixa em tudo isso? Embora o modelo tenha nascido da minha própria busca de contentamento e energia no trabalho, desde então observo que ele é absolutamente crucial para a saúde organizacional, em aspectos mais variados do que eu poderia imaginar. Vou tentar identificar todos os ângulos em que ele se aplica.

Em primeiro lugar, equipes de liderança não têm como ser coesas quando seus integrantes não entendem nem aproveitam os Talentos de cada pessoa. Só esse tema já renderia um livro à parte. É quase impossível descrever a diferença entre uma equipe de líderes que ajusta suas funções e seu trabalho de acordo com os Talentos de seus integrantes e outra que confia apenas nos nomes dos cargos e em expectativas genéricas.

Em segundo lugar, o Talento Profissional é crucial para a produtividade. Quando o pessoal de uma empresa compreende e é transparente em relação a suas áreas de Talento – e de Frustração –, os líderes podem fazer ajustes que levem a contribuições significativamente maiores de seus colaboradores. No fim das contas, as pessoas realizam mais, em menos tempo e com menos atrito. Mensurar o impacto disso é quase impossível, uma vez que permeia aproximadamente todos os aspectos da experiência do funcionário.

Em terceiro lugar, e relacionado ao tópico anterior, o Talento Profissional é fundamental para reter, engajar e motivar os empregados mais do que qualquer outro fator. Quando as pessoas da organização sabem que seus talentos estão sendo utilizados e valorizados pelos gestores, chegam para trabalhar com mais paixão e entusiasmo, e é menos provável que abandonem a empresa em tempos difíceis. Vão contar aos outros sua experiência, atraindo tanto novos funcionários quanto novos clientes.

Por fim, a atividade mais importante em qualquer empresa será transformada quando aqueles que nela trabalham souberem e compreenderem seus Talentos e Frustrações Profissionais: estou falando das reuniões. Quando as pessoas sabem que tipo de conversa estão tendo, e quando podem recorrer aos próprios talentos durante essas conversas, elas tomam decisões melhores.

Estou plenamente convencido de que, mais do que qualquer coisa que eu já tenha feito na área de desenvolvimento e eficiência organizacional, o Talento Profissional é a base de tudo isso. Quando o ser humano está plenamente vivo no trabalho – seja o fundador, o CEO ou o mais recente contratado da empresa –, é muito maior a probabilidade de que contribua para a saúde da organização, ajudando-a a evitar os perigos da disfunção.

O QUE ESPERO DO TALENTO PROFISSIONAL

Dói pensar que no mundo haja tanta gente presa a cargos ou funções desalinhados em relação a seus Talentos Profissionais, forçando-as a conviver com suas Frustrações. E é ainda pior saber que muitas delas nem entendem por que estão sofrendo. Minha esperança é que, ao ler este livro e fazer a Avaliação do Talento Profissional, muitas dessas pessoas sejam capazes de identificar e fazer ajustes que reduzam esse sofrimento. Fico feliz em dizer que, desde que lançamos a avaliação, dois anos atrás, gente do mundo inteiro nos conta que fez exatamente isso. E as histórias que recebemos vão além do trabalho, impactando casamentos, relacionamentos familiares e amizades muito além do que poderíamos esperar.

Kristal – dona de empresa

Kristal estava à beira do *burnout*, "me preparando para vender a empresa", quando descobriu o modelo. Ela fez a avaliação e em 15 minutos se deu conta de que estava atuando quase totalmente fora de suas áreas de Talento Profissional, fazendo principalmente aquilo que sugava sua energia e seu contentamento. Na mesma semana ela fez toda a equipe realizar a avaliação e tudo foi reorganizado de maneira que ela e os demais funcionários passassem mais tempo nas próprias áreas de Talento. Fizemos um acompanhamento um mês depois e perguntamos: "Você ainda tem a intenção de vender?" Ela respondeu: "Sem chance. Fazia anos que eu não me sentia tão realizada!"

Kevin – *pastor*

Kevin nos mandou um e-mail cujo a linha do assunto tinha só uma palavra: "Uau!" Ele explicou que é pastor há quase vinte anos e sempre viveu sentindo culpa e pressão por não se considerar bom em sua vocação. Era um peso sobre seus ombros. Contou que sofria para preparar sermões criativos e inspiradores, o que drenava sua energia. As manhãs de domingo eram de puro desconforto. Depois de fazer a avaliação e descobrir que a Invenção não era um de seus Talentos, ele se sentiu liberado. Deu-se conta de que nenhum pastor pode ser talentoso em todas as áreas. Kevin reconheceu que aquilo de que gostava e fazia bem era aconselhar e apoiar os fiéis de sua igreja, e que, em vez de tentar superar seus problemas com sermões criativos, podia recorrer aos Talentos de outras pessoas de sua equipe para ajudá-lo. Deixou de questionar a própria vocação, e a culpa e a autocrítica diminuíram muito. Aleluia!

Heath – *marido*

Heath nos escreveu dizendo: "Eu achava que minha mulher me odiava." Era um exagero, e em parte brincadeira, mas ele reconhecia que, às vezes, tinha a impressão de que havia um fundo de verdade. Caramba! Ele explicou que adorava ter ideias novas, mas muitas vezes ficava desmotivado por sentir que a esposa sempre as desprezava. Pois bem, no aniversário de casamento, Heath e a esposa fizeram a Avaliação do Talento Profissional e ele descobriu que seu forte era a Invenção (ideias novas) e o da esposa, Discernimento (avaliação dessas ideias). Ambos se deram conta de que ela não tinha a intenção de desmotivar, e sim de dar um retorno útil, oferecendo Discernimento ao marido, por quem tinha enorme afeição. Na verdade, ela queria garantir que as ideias dele teriam êxito, e a melhor forma de fazer isso era avaliá-las, sugerindo correções que lhe pouparam tempo, energia e possíveis decepções. Heath disse que essa constatação os ajudou a resolver anos de frustração reprimida no relacionamento. Foi o melhor presente de aniversário.

Histórias como essas nos foram enviadas, sem que houvéssemos pedido, apenas três meses depois do lançamento da avaliação. Desde então, continuamos a receber incontáveis histórias parecidas, de pessoas cujos emprego, carreira e vida melhoraram de maneira quase instantânea graças a constatações simples em relação aos talentos que Deus lhes concedeu. Posso dizer com segurança que nunca trabalhei com nada que tivesse causado um impacto tão imediato nas vidas das pessoas.

MAIS SERENIDADE – MENOS CULPA, CRÍTICA E *BURNOUT*

No fim das contas, buscamos compreender a nós mesmos e os outros para ter mais serenidade dentro de nós e na relação com os demais. Não se trata de uma teoria nem de abstração.

Para muitas pessoas, uma das coisas que mais rouba a serenidade é trabalhar naquilo que não se encaixa em seus pontos fortes e inatos, dados por Deus. Porém, como a maioria não percebe isso, acaba se sentindo muito mal consigo mesma (a famosa "culpa") por não ser melhor naquilo que faz. Esse tipo de culpa é desnecessário e leva a graves problemas, com impacto sobre o trabalho e sobre a vida dos entes queridos.

Todos nós passamos por isso. Já nos sentimos mal por não

executarmos bem determinado tipo de trabalho, e a maioria se autoflagelou por isso. Aconteceu comigo mesmo, no início da carreira. Já me perguntei: "Por que não consigo fazer isto tão bem quanto meus colegas? O que há de errado comigo?" A resposta deveria ser: "Porque eles estão fazendo aquilo que amam e naturalmente são mais talentosos para isso, e eu não!" Porém, como eu não entendia, me sentia culpado e atribuía minhas dificuldades à falta de esforço ou de inteligência, ou, pior ainda, de caráter.

Da mesma forma, fazemos julgamentos quando vemos um colega sofrendo para realizar algum tipo de trabalho, atribuindo indevidamente esse sofrimento à falta de esforço, inteligência ou caráter. "Não sei como ele não consegue fazer isso. Acho que simplesmente não liga. Ou talvez não seja tão esperto quanto a gente achava que fosse. Ou será que ele não é tão comprometido com a equipe?" Todos nós já fizemos isso, e é perigoso e destrutivo. Leva as pessoas a se sentirem magoadas e rejeitadas, tendo impacto negativo sobre as equipes, as empresas e até mesmo as famílias.

A chave para evitar culpa e crítica indevidas é compreender melhor a nós mesmos e os outros. Quando passamos a conhecer nossos pontos fortes e fracos, bem como os dos demais, a maior parte da culpa e da crítica desaparece, substituída pela empatia e pelo apoio produtivo. Tornamo-nos capazes de dizer a nós mesmos: "Eu sou ruim de verdade nisto. Talvez devesse encontrar uma maneira melhor de contribuir, uma maneira que se alinhe com minhas habilidades e meus talentos." Olharemos para quem estiver em dificuldade e diremos: "Será que essa é a função adequada para você? Talvez exista um jeito melhor de colocar em prática suas habilidades e seus talentos."

Vale a pena observar, porém, que algumas pessoas de fato são menos dedicadas, por razões diversas. É preciso lidar com elas levando isso em conta, porém sem abandonar a compaixão.

Em muitos casos que testemunho, as pessoas em dificuldade não se dão conta do descompasso entre o trabalho que fazem e seus talentos. É isso que o modelo que explico neste livro tenta atacar.

Como evitar o burnout

Um problema diferente, mas relacionado, vivenciado por muitas pessoas que chegam a um impasse no exercício de atividades em descompasso com seus talentos é o *burnout*. E embora ninguém consiga passar o tempo todo fazendo aquilo que ama – todos nós temos que realizar, de tempos em tempos, tarefas em nossas áreas de Frustração –, aqueles que caem na armadilha de um trabalho que não lhes traz contentamento nem energia raramente têm êxito e com certeza não evoluem. Chegam ao esgotamento.

O interessante em relação a isso é que o *tipo* de trabalho que a pessoa realiza se mostra muito mais importante, no que diz respeito ao *burnout*, que o *volume* de trabalho. Tem gente que é capaz de trabalhar durante várias horas, por períodos prolongados, em suas áreas de paixão e contentamento, enquanto outros conseguem dedicar relativamente poucas horas e mesmo assim vivenciam estados graves de *burnout* por estarem em funções que lhes roubam paixão e contentamento. A conclusão lógica, portanto, é que quem sente os primeiros sinais de *burnout* não encontrará alívio simplesmente reduzindo o número de horas que passa no trabalho, embora esse seja o conselho habitual. Essas pessoas precisam passar mais horas fazendo aquilo que as alimenta.

Se a culpa, a crítica ou o *burnout* estiverem tirando a serenidade de alguém no trabalho, informo com todo o entusiasmo que o modelo do Talento Profissional é capaz de ajudar essas pessoas a se recuperarem. E isso importa. Porque creio que Deus concede dons às pessoas para que elas os utilizem para o bem. Espero que as ideias deste livro lhe permitam fazer exatamente isso.

Agradecimentos

Gostaria de agradecer a muita gente por me ajudar a fazer este livro, considerando sobretudo todas as pessoas que participaram dos estágios iniciais de desenvolvimento do modelo do Talento Profissional.

Obrigado a Tracy, Amy e Kim, que estavam na sala quando tudo começou, e a Amy por fazer a pergunta de Reflexão que gerou esta Invenção. E a Tracy, Karen, Cody e Matt pelas horas de feedback, edição e Discernimento. É impossível dar o devido reconhecimento, ou até recordar, todas as suas incontáveis ideias e sugestões, mas sou grato pela inteligência e paixão de vocês.

Obrigado a minha esposa, Laura, e a nossos filhos por terem vivido durante alguns meses com um quadro branco na sala de estar no começo do desenvolvimento do modelo. E obrigado a Laura por ter se apaixonado pelo projeto como um todo e pela ideia de criar as engrenagens, mostrando que o modelo está interconectado. Adorei aplicar o modelo a você e a seus amigos.

Obrigado a todas as vítimas inocentes que entraram em nossa casa e nosso escritório e foram forçadas a fazer a avaliação nos primeiros dias. A disponibilidade e o entusiasmo de vocês foram mais importantes do que imaginam.

Obrigado a todos do The Table Group pela contribuição e pelo entusiasmo em relação à avaliação, ao podcast, ao programa de certificação e ao livro. E a todos os nossos consultores mundo afora, que abraçaram e compartilharam o Talento Profissional com os clientes. A paixão e energia de vocês pelo projeto foram uma enorme inspiração para nós. E à equipe do Amazing Parish, primeira organização a aderir ao modelo e usá-lo com paixão.

Obrigado a Matt Holt e à equipe da BenBella pela paciência, flexibilidade e dedicação a este livro.

E, é claro, meu agradecimento de coração a Deus por cada aspecto da vida e por permitir que eu e minha equipe desempenhássemos um papel ajudando-O a ajudar as pessoas a compreender os dons que Ele lhes deu, contribuindo para um mundo melhor para elas mesmas e as pessoas a quem servem.

Sobre o autor

Patrick Lencioni é o fundador e presidente do The Table Group, empresa dedicada à proteção da dignidade humana, ao desenvolvimento pessoal e à fé no mundo do trabalho. Ao longo dos últimos 25 anos, Pat e sua equipe proporcionaram às empresas ideias, produtos e serviços que melhoram o trabalho em equipe, a clareza e o envolvimento dos colaboradores. Ele também é fundador da organização cristã Amazing Parish.

A paixão de Lencioni por equipes e organizações se reflete em sua obra, em suas palestras, em sua consultoria para executivos e, mais recentemente, em três podcasts, *At the Table with Patrick Lencioni* ["À mesa com Patrick Lencioni"], *The Working Genius Podcast* ["O podcast do Talento Profissional"] e *The Simple Reminder* ["O lembrete simples"].

Pat é autor de 12 best-sellers, com mais de 7 milhões de exemplares vendidos. Seu principal livro, *A vantagem decisiva*, é fonte primordial e original sobre o tema da saúde organizacional. Lançado há mais de 20 anos, o hoje clássico *Os 5 desafios das equipes* continua a figurar semanalmente nas listas de mais vendidos dos Estados Unidos. Ambos os livros, assim como *As 3 virtudes essenciais para trabalhar em equipe*, foram publicados no Brasil pela Sextante.

Sendo um dos palestrantes e consultores mais requisitados do mundo, Pat pôde trabalhar em conjunto e cuidar de um amplo leque de organizações, entre elas empresas da lista da *Fortune*

100, pequenas e médias empresas, startups, equipes esportivas profissionais, escolas e igrejas. Foi destaque em inúmeras publicações, entre elas *The Wall Street Journal*, *Harvard Business Review*, *USA Today* e *Chief Executive*.

Pat é casado com Laura há trinta anos. Os dois têm quatro filhos maravilhosos.

CONHEÇA OS LIVROS DE PATRICK LENCIONI

A vantagem decisiva
As 3 virtudes essenciais para trabalhar em equipe
Os 6 tipos de Talento Profissional

Para saber mais sobre os títulos e autores da Editora Sextante,
visite o nosso site e siga as nossas redes sociais.
Além de informações sobre os próximos lançamentos,
você terá acesso a conteúdos exclusivos
e poderá participar de promoções e sorteios.

sextante.com.br